洛克菲勒
写给儿子的 38封信

[美] 洛克菲勒 —— 著
知书 —— 译

民主与建设出版社
·北京·

© 民主与建设出版社，2021

图书在版编目（CIP）数据

洛克菲勒写给儿子的38封信 / （美）洛克菲勒著；知书译. --北京：民主与建设出版社，2021.3（2022.8）
ISBN 978-7-5139-3415-2

Ⅰ.①洛… Ⅱ.①洛… ②知… Ⅲ.①洛克菲勒（Rockefeller, John Davison 1839-1937）－书信集 Ⅳ.①K837.125.38

中国版本图书馆CIP数据核字（2021）第045622号

洛克菲勒写给儿子的38封信
LUOKEFEILE XIEGEI ERZI DE 38 FENG XIN

著　　者	［美］洛克菲勒
译　　者	知　书
责任编辑	胡　萍
封面设计	嫁衣工舍
出版发行	民主与建设出版社有限责任公司
电　　话	（010）59417747　59419778
社　　址	北京市海淀区西三环中路10号望海楼E座7层
邮　　编	100142
印　　刷	大厂回族自治县德诚印务有限公司
版　　次	2021年6月第1版
印　　次	2022年8月第2次印刷
开　　本	880毫米×1230毫米　1/32
印　　张	6.75
字　　数	140千字
书　　号	ISBN 978-7-5139-3415-2
定　　价	49.80元

注：如有印、装质量问题，请与出版社联系。

前言

约翰·D. 洛克菲勒（1839—1937）是谁？

他是地球上第一个亿万富翁，历史上最富有的美国人；他是世界上最早的石油巨子，美国实业家、超级资本家，美孚石油公司（标准石油）创办人；他曾通过气势如虹的兼并和扩张垄断了美国的石油工业，被世人称为"石油大王"；他是前无古人、后无来者的商业巨人。比尔·盖茨把洛克菲勒作为自己唯一的崇拜对象："我心目中的赚钱英雄只有一个名字，那就是洛克菲勒。"

回顾约翰·D. 洛克菲勒98年的人生峥嵘岁月，我们更是会被他那异常冷静、精明、富有远见卓识的头脑，以及在商场上那独有的魄力和手段所折服。

1839年，约翰·D. 洛克菲勒出生于纽约州的一个小镇。

16岁时，洛克菲勒在美国俄亥俄州的一家干货店当职员，每星期赚5美元。19岁，他下海经商，倒卖谷物和肉

洛克菲勒
写给儿子的 38 封信

类。从这时起，洛克菲勒将每一笔收支记录在册，甚至不漏掉一个便士的慈善捐款。

经过三年积累，22岁的洛克菲勒进入石油业，并于1870年创建标准石油公司。

1882年，洛克菲勒开创了史无前例的联合事业——托拉斯。这个极易聚集财富的结构使标准石油公司两年后成为全世界最大的石油集团企业，洛克菲勒也因此成为蜚声海内外的"石油大王"。标准石油公司最后定名为美孚石油公司。

就这样，与很多美国早期的富豪多半靠机遇成功不同，洛克菲勒白手起家，一步一步建立起了他那庞大的石油帝国。1897年，从标准石油公司退休后，洛克菲勒专注于慈善事业。

现如今，漫步纽约街头，你随处可以体味到洛克菲勒家族过往的辉煌：摩根大通银行、洛克菲勒中心、洛克菲勒基金会、现代艺术博物馆、在生命科学领域位居世界前列的洛克菲勒大学……甚至青霉素能够普及成为一种通用药品，也同洛克菲勒及其家族大有渊源。

《福布斯》杂志在2007年曾做出这样的评估——如果约翰·D.洛克菲勒还在世，他的身价折合成今天的美元约有3053亿，是比尔·盖茨身价的数倍。

洛克菲勒家族之所以为世人所瞩目，还有一个非常重要的原因，那就是这个家族对"赚钱能力"的世代传承。与中国"富不过三代"的铁律不同，洛克菲勒家族从发迹至今已经绵延六代，仍未出现颓废和没落的迹象。

1937年5月23日，98岁的约翰·D.洛克菲勒去世，他的子孙继承了他的事业。洛克菲勒家族成为美国十大超级富豪之一，也是当今美国知名度最高的家族之一。他的孙子纳尔逊·洛克菲勒曾任美国副总统，而他的另一个孙子大卫·洛克菲勒则是赫赫有名的大银行家。洛克菲勒家族如今的财富到底有多少，连他们自己也说不清……

洛克菲勒家族的子孙之所以能获得非凡的成就，和他们自小受到的家庭教育有很大关系。为了避免孩子被家族的光环宠坏，不管是老约翰·洛克菲勒还是小约翰·洛克菲勒，在教子方面相当花心思，并有着一套祖传教育计划。老约翰·洛克菲勒每星期只给孩子5美元零花钱，并且要求孩子记账。小约翰·洛克菲勒则鼓励孩子们做家务挣钱：逮到走廊上的苍蝇，每100只奖励1角钱；捉住阁楼上的老鼠每只5分，背柴火、劈柴火也有价钱。劳伦斯和哥哥纳尔逊分别在7岁和9岁时取得了擦全家皮鞋的特许权，每双皮鞋2分，长筒靴每双1角。并且，小约翰·洛克

洛克菲勒
写给儿子的 *38* 封信

菲勒一直像父亲那样，定期翻阅孩子的账本，检查他们的支出。

　　老约翰·洛克菲勒曾说，赚钱的能力是上帝赐给洛克菲勒家族的一份礼物。而本书汇集了洛克菲勒给其孩子们的几十封信，读者也许能够从中窥见洛克菲勒家族长久不衰、坐拥亿万财富的终极秘密！

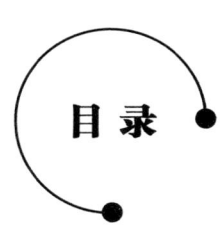

目 录

第一封
　　做傻的聪明人 001

第二封
　　不甘示弱才会赢 006

第三封
　　起点不决定终点 011

第四封
　　天堂与地狱比邻 016

第五封
　　现在就去做 022

第六封
　　幸运之神眷顾勇者 028

第七封
　　为前途抵押 033

第八封
　　最可怕的是精神破产 038

洛克菲勒
写给儿子的 38 封信

第 九 封
　　忠诚于自己 043

第 十 封
　　运气靠策划 047

第十一封
　　要有竞争的决心 053

第十二封
　　侮辱是一种动力 059

第十三封
　　用实力让对手恐惧 064

第十四封
　　要有合作精神 069

第十五封
　　不要让小人拖你的后腿 074

第十六封
　　做目的主义者 079

第十七封
　　忍耐就是策略 085

第十八封
　　信念是金 090

第十九封
　　真诚地相信自己就有办法 095

第二十封
　　永远做策略性思考 100

第二十一封
　　不要找借口 106

第二十二封
　　谁都能成为大人物 113

第二十三封
　　我没有权利当穷人 121

第二十四封
　　财富是勤奋的副产品 127

第二十五封
　　财富是种责任 132

第二十六封
　　尾声就是开始 137

第二十七封
　　拒绝责难，拒绝推诿 142

第二十八封
　　只有放弃才会失败 148

第二十九封
天下没有白吃的午餐 153

第 三 十 封
善用每个人的智慧 158

第三十一封
让每一分钱都带来效益 162

第三十二封
充实你的心灵 167

第三十三封
贪心大有必要 172

第三十四封
地狱里住满了好人 179

第三十五封
将部属放在第一位 185

第三十六封
你手中握有成功的种子 190

第三十七封
就要做第一 195

第三十八封
冒险才能利用机会 201

第一封
做傻的聪明人

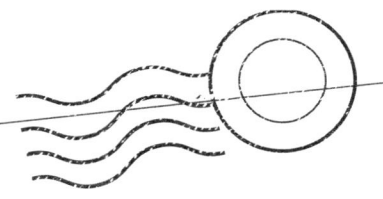

 格言

没有不幸体验的人,反而不幸。

人要有远见,只有长时间的吃苦,才有长时间的收获。

1890年9月

洛克菲勒
写给儿子的 38 封信

亲爱的约翰：

  明天，我要回老家克里夫兰处理一些我们家族自己的事情。我希望在此期间，你能代我打理一些事务。但我提醒你，如果你遇到某些棘手或自己拿不定主意的事情，你要多向盖茨先生请教和咨询。

  盖茨先生是我最得力的助手，他忠实真诚、直言不讳、尽职尽责，而且精明干练，总能帮我做出明智的抉择。我非常信任他，我相信他一定会对你大有帮助，前提是你要尊重他。

  儿子，我知道你是布朗大学的优秀毕业生，你在经济学与社会学方面的知识可谓优秀。但是，你应该清楚，知识原本是空的，除非把知识付诸行动，否则什么事都不会发生。而且，教科书上的知识，几乎都是那些皓首穷经的知识匠人在象牙塔里编撰出来的，它难以帮你解决实际问题。

  我希望你能去除对知识、学问的依赖心理，这是你走上人生坦途的关键。

  你需要知道，学问本身并不怎么样，学问必须加以活用，才能发挥作用。要成为能够活用学问的人，你必须首先成为具有实行能力的人。

  那么实行能力从哪里来呢？在我看来它就潜藏在吃苦之中。我的经验告诉我，走过艰难之路——布满艰辛、不幸、失败和困难的道路，不仅会铸就我们坚强的性格，我们赖以

第一封
做傻的聪明人

成就大事的实行能力也将应运而生。在苦难中向上攀爬的人,知道如何千方百计地去寻找方法、手段,让自己得救。处心积虑地去吃苦,是我笃信的成功信条之一。

也许你会讥讽我,认为没有比想吃苦再傻的了。不!没有不幸体验的人,反而不幸。很多事情都是来得快去得也快,那些实现了一夜成名、一夜暴富梦想的人们,有谁不是很快就销声匿迹了?吃苦所得到的,是将你的事业大厦建立在坚实的地面上,而不是流沙里。人要有远见,只有长时间的吃苦,才有长时间的收获。

我相信你已经发现了,自你到我身边工作以来,我并没有给予你重担去挑。但这并不表明我怀疑你的能力,我只是希望你善于做小事而已。

做好小事是做成大事的基石,如果你从一开始就高高在上,就无法体会部属的心情,也就不能真正地活用别人;在这个世界上要活下去、要创造成就,你必须借助于人力,即别人的力量。但你必须从做小事开始,才会了解当部属的心情,等你有一天走上更高的职位,你就知道如何让他们贡献出全部的工作热情了。

儿子,世界上只有两种人头脑聪明:一种是活用自己的聪明人,例如艺术家、学者、演员;一种是活用别人的聪明人,例如经营者、领导者。后一种人需要一种特殊的能力——抓住人心的能力。但很多领导者都是聪明的傻瓜,他们以为要抓住人心,就得依据由上而下的指挥方式。在我看来,这非但不能得到领导力,反而会降低很多。要知道,每个人对自己受到轻视都非常敏感，被看矮一截会丧失干劲。这样的领导者只会使部属无能化。

一头猪好好被夸奖一番，它就能爬到树上去。善于驱使别人的经营者、领导者或大有作为的人，一向宽宏大量，他们懂得高看别人和赞美他人的艺术。这意味着他们要有感情的付出。而付出深厚的感情的领导者最终必赢得胜利，并获得部属更多敬重。

没有知识的人终无大用，但有知识的人很可能成为知识的奴隶。每个人都需要知道，一切的知识都会转化为先入为主的观念，结果是形成一边倒的保守心理，认为"我懂""我了解""社会本来就是这样"。有了"懂"的感觉，就会缺乏想要知道的兴趣，没有兴趣就将丧失前进的动力，等待他的也只剩下百无聊赖了。这就是因为不懂才成功的道理。

但是，受自尊心、荣誉感的支配，很多有知识的人对"不懂"总是难以启齿，好像向别人请教，表示自己不懂，是见不得人的事，甚至把无知当罪恶。这是自作聪明，这种人永远都不会理解那句伟大的格言——每一次说不懂的机会，都会成为我们人生的转折点。

自作聪明的人是傻瓜，如果把聪明视为可以捞到好处的标准，那我显然不是一个傻瓜。

直到今天我都能清晰记得一次情景，当时我正为如何筹借到一万五千块钱大伤脑筋，走在大街上我都在苦思冥想这个问题。说来有意思，正当我满脑子闪动着借钱、借钱的念头时，有位银行家拦住了我的去路。他在马车上低声问我："你想不想用五万块钱，洛克菲勒先生？"我交了好运吗？我有点不相信自己的耳朵。但在那一瞬间我没有表现出丝毫的急切，我看了看对方的脸，慢条斯理地告诉他："是这样……你能给我二十四小时考虑一下吗？"结果，我以最有利于我的条件与他达成了借款合同。

我料想得到，在我离开的日子里，让你独当一面对你而言绝非易事，但这没有什么。"让我等等再说"，是我在经商中始终奉行的格言。我做事总有一个习惯，在做决定之前，我总会冷静地思考、判断，但我一旦做出决定，就将义无反顾地执行到底。我相信你也能行。

爱你的父亲

第二封

不甘示弱才会赢

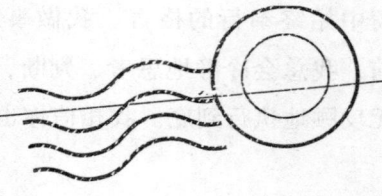

格言

我们思想的大小决定我们成就的大小。

态度是我们最好的朋友，也会是我们最大的敌人。

通往成功的道路上铺满了黄金，然而这条道路却只是一条单行线。

1897年6月

第二封
不甘示弱才会赢

亲爱的约翰：

沉浸在热烈、真挚的爱戴之中，真是美妙极了。今天，芝加哥大学的学生让我体味到了这种美妙的感受。姑且将其视为对我创建这所学府的回报吧，不过，这的确让我喜出望外。

真心而言，在我决定投资创建这所大学之前，我从未奢望在那里受到圣人般的礼遇。我的初衷只是想为将我们最优秀的文化传给青年一代做些什么，为我们的青年造就美好未来和为未来造就我们的青年一代做些什么。现在看来，我的目的达到了，这是我一生中最明智的投资。

芝加哥大学的青年人非常可爱，他们对未来充满美好的憧憬，都有要成就一番事业的动机。他们当中几个一脸稚气的男生跑向我说，我是他们的榜样，真诚地希望我能给他们一些建议。我接受了他们的请求，我忠告那些未来的"洛克菲勒"：

成功不是以一个人的身高、体重、学历或家庭背景来衡量，而是以他思想的"大小"来决定。我们思想的大小决定我们成就的大小。这其中最重要的一条就是我们要看重自己，克服人类最大的弱点——自贬，千万不要廉价出卖自己。你们比你们想象中的还要伟大，所以，要将你们的思想扩大到你们真实的程度，绝不要看轻自己。

这时掌声突然响起，我显然被它彻底俘虏了，以致得意忘形，管不住我的舌头，我继续说：

几千年来，很多哲学家都忠告我们：要认识自己。但是，大部分的人都把它解释为仅仅认识自己消极的一面。大部分人的自我评估都包括太多的缺点、错误与无能。认识自己的缺失很好，可借此谋求改进。但是，如果我们仅仅认识自己消极的一面，就会陷入混乱，使自己变得没有任何价值。

而对那些渴望别人尊重自己的人来说，现实却很残酷，因为别人对他的看法，与他对自己的看法相同。我们都会受到那种"我们自以为是怎样"的待遇。那些自以为比别人差一截的人，不管他实际上的能力到底怎样，一定会是比别人差一截的人，这是因为思想本身能调节并控制各种行动的缘故。

如果一个人自己觉得比不上别人，他就会表现出"真"的比不上别人的各种行动；而且这种感觉无法掩饰或隐瞒。那些自以为"不很重要"的人，就真的会成为"不很重要"的人。

在另一方面，那些相信自己具有"承担重责大任的能力"的人，就真的会变成一个"很重要"的人物。所以，如果你们想成为重要人物，就必须首先使自己承认"我确实很重要"，而且要真正的这么觉得，别人才会跟着这么想。

每个人都无法逃脱这样一个推理原则：你怎么想将会决定你怎么行动，你怎么行动将决定别人对你的看法。就像你们自己的成功计划一样，要获得别人的尊重其实很简单。为

第二封
不甘示弱才会赢

得到他人的尊重,你们必须首先觉得自己确实值得人敬重,而且你们越敬重自己,别人也会越敬重你们。

请你们想一想:你们会不会敬重那些在破旧街道游荡的人呢?当然不会。为什么?因为那些无赖汉根本不看重自己,他们只会让自卑感腐蚀他们的心灵而自甘堕落。

一个人的自我观念就是他人格的核心,你们自己认为是怎么样的人,你们就真的会成为怎么样的人。

每一个人,无论他身居何处,无论他默默无闻或身世显赫,无论他文明或野蛮,也无论他年轻或年老,都有成为重要人物的强烈欲望。请仔细想一想你们身边的每一个人——你的邻居,你自己,你的老师,你的同学,你的朋友,有谁没有希望自己很有分量的强烈需求?全都有,这种需求是人类最强烈、最迫切的一种目标。

但是,为什么很多人却将这个本可以实现的目标,永远地变成了无法实现的黄粱美梦呢?在我看来是态度使然。态度是我们每个人思想和精神因素的物化,它决定着我们的选择和行动。在这个意义上说,态度是我们最好的朋友,也会是我们最大的敌人。

我承认,我们不能左右风的方向,但我们可以调整风帆——选择我们的态度。一旦你们选择了看重自己的态度,那些"我是个没用的人,我是个无名小卒,我算老几,我一文不值"等贬低自己、消磨意志、蜕化信心和自暴自弃的懦夫的想法就会消失殆尽,取而代之的,是心灵的复活,思维和行为方式的积极改变,信心的增强,以"我能!而且我会!"的心态面对一切。

　　小伙子们！如果你们中间有谁曾自己骗自己，请就此停止，因为那些不觉得自己重要的人，都是自暴自弃的普通人。任何时候都不要自贬，要先选出自己的各种资产——优点。要问你自己："我有哪些优点？"在分析自己的优点时，不能太客气。

　　你们要专注自己的长处，告诉自己我比我想象的还要好。要有远见，看到未来的发展性，而不单单看现况，对自己要有远大的期望。要随时记住这个问题："重要人物会不会这么做呢？"这样就会使你们渐渐变成更成功的大人物。

　　孩子们，通往成功的道路上铺满了黄金，然而这条道路却只是一条单行线。此时此刻，我们需要一种乐观的态度。乐观常被哲学家称为"希望"。首先让我来告诉你们，这是对乐观的曲解！所谓乐观是一种信念，那就是相信生活终究是乐多苦少，相信即使不如人愿的事屡屡发生，好事终将占得上风。

　　约翰，你知道吗？在我短短十几分钟的即兴演讲中，我竟获得了八次掌声。遗憾的是过多的掌声干扰了我的思路，我有一个重要的观点被掌声赶跑了，那就是提高思考能力，会帮助他们提高各种行动的水准，使他们因而更大有作为。但我还是很高兴，我的舌头居然有那么大的魅力。

爱你的父亲

第三封
起点不决定终点

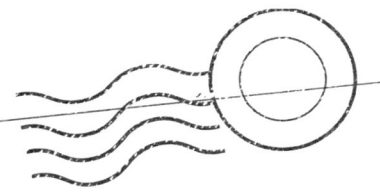

 我们的命运由我们的行动决定,而绝非完全由我们的出身决定。

1897年6月

洛克菲勒
写给儿子的 38 封信

亲爱的约翰：

你希望我能永远同你一起出航，这听起来很不错，但我不是你永远的船长，上帝为我们创造双脚，是要让我们靠自己的双脚走路。

也许你尚未做好独自前行的准备，但你需要知道，我所置身的那个充满挑战与神奇的商业世界，是你新生活的出发地，你将从那里开始参加你不曾享用而又关乎你未来的人生盛宴。至于你如何使用摆放在你生命面前的刀叉，和如何品味命运天使奉上的每一道菜肴，那完全要靠你自己。

当然，我期望你在不远的将来就能卓尔不群，并胜我一筹。而我决定将你留在我身边，无非是想把你带到你事业生涯的高起点，让你无须艰难攀爬便可享有迅速腾达的机会。

这当然没有什么值得你庆幸和炫耀的，更无须你感激。美利坚合众国的建国信念是人人生而平等，但这种平等是权利与法律意义上的平等，与经济和文化优势无关。想想看，我们这个世界就如同一座高山，当你的父母生活在山顶上时，注定你不会生活在山脚下；当你的父母生活在山脚下时，注定你不会生活在山顶上。在多数情况下，父母的位置决定了孩子的人生起点。

但这并不意味着，每个人的起点不同，其人生结果也不同。在这个世界上，永远没有穷、富世袭之说，也永远没有成、败世袭之说，有的只是我奋斗我成功的真理。我

第三封
起点不决定终点

坚信，我们的命运由我们的行动决定，而绝非完全由我们的出身决定。

就像你所知道的那样，在我小的时候，家境十分贫寒。记得我刚上中学时所用的书本都是好心的邻居为我买的，我的人生开始时也只是一个周薪只有5元钱的簿记员，但经由不懈的奋斗我却建立了一个令人艳羡的石油王国。在他人眼里这似乎是个传奇，我却认为这是对我持之以恒、积极奋斗的回报，是命运之神对我艰苦付出的奖赏。

约翰，机会永远都会不平等，但结果却可能平等。在历史上，无论是在政界还是在商界，尤其是在商界，白手起家的事例俯拾皆是，他们都曾因贫穷而少有机会，他们却都因奋斗而功成名就。然而，历史上也充斥着富家子弟拥有所有优势，却走向失败的事例。麻州的一项统计数字说，十七个有钱人的孩子里面，竟然没有一个在离开这个世界时还是富翁。

而在很久以前，社会上便流传着一个讽刺富家子弟无能的故事，说在费城的一个小酒吧里，一位客人谈起某位百万富翁，说："他是白手起家的百万富翁。""是啊，"旁边一位比较精明的先生回答说，"他继承了两千万，然后他把这笔钱变成了一百万。"

这是一个令人痛心的故事。但在我们今天这样的社会，富家子弟正处在一种不进则退的窘境之中，他们中的很多人注定要受人同情和怜悯，甚至要下地狱。

家族的荣耀与成功的历史，不能保证其子孙后代的未来将会美好。我承认早期的优势的确大有帮助，但它不能保证最后会赢得胜利。我曾不止一次地思考这个对富家子弟而言带有悲哀性的问题。我似乎觉得，富家子弟开始承担了优势，却很少有机会去学习和发展生存所需要的技巧。而出身低贱的人因迫切需要解救自身，便会积极发挥创意和能力，且珍视和抢占各种机会。我还观察到，富家子弟缺乏贫贱之人的那种要拯救自己的野心，也只得祈祷上帝赐予他成就了。

所以，在你和你的姐姐们很小的时候，我就有意识地不让你们知道你们的父亲是个富人。我向你们灌输最多的是诸如节俭、个人奋斗等价值观念，因为我知道给人带来伤害最快捷的途径就是给钱，它可以让人腐化堕落、飞扬跋扈、不可一世，失去最美好的快乐。我不能用财富埋葬我心爱的孩子，愚蠢地让你们成为不思进取、只知依赖父母的果实的无能者。

一个真正快乐的人，是能够享受他的创造的人。那些像海绵一样，只取不予的人，只会失去快乐。

我相信没有不渴望过上快乐、高贵生活的人，但真正懂得高贵快乐生活从何而来的人却不多。在我看来，高贵快乐的生活，不是来自高贵的血统，也不是来自高贵的生活方式，而是来自高贵的品格——自立精神，看看那些赢得世人尊重、处处施展魅力的高贵的人，我们就知道自立的可贵。

约翰，你的每一个举动都会成为我的挂念。但与这种挂念相比，我更对你充满信心，相信你优异的品格——比世界上任何财富都更有价值的品格，将帮助你铺设出一条美好的前程，并将助你拥有成功又充实的人生。

　　但你需要强化这样的信念：起点可能影响结果，但不会决定结果。能力、态度、性格、抱负、手段、经验和运气之类的因素，在人生和商业世界里扮演着极为重要的角色。你的人生刚刚开始，但一场人生之战就在你面前。我能深切地感觉到你想成为这场战争的胜者，但你要知道，每个人都有追求胜利的意志，只有决心做好准备的人才会赢得胜利。

　　我的儿子，找到自己的路，上帝就会帮你！

爱你的父亲

第四封
天堂与地狱比邻

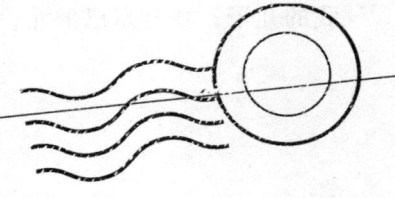

格言

我们劳苦的最高报酬，不在于我们所获得的，而在于我们会因此成为什么。

如果你视工作为一种乐趣，人生就是天堂；如果你视工作为一种义务，人生就是地狱。

1897年9月

第四封 天堂与地狱比邻

亲爱的约翰:

有一则寓言很有意味,让我感触良多。那则寓言说:

在古老的欧洲,有一个人在他死的时候,发现自己来到一个美妙又能享受一切的地方。他刚踏上那片乐土,就有个看似侍者模样的人走过来问他:"先生,您有什么需要吗?在这里您可以拥有一切您想要的:所有美味佳肴,所有可能的娱乐以及各式各样的消遣,其中不乏妙龄美女,都可以让您尽情享用。"

这个人听了以后,感到有些惊奇,但非常高兴。他暗自窃喜:这正是我在人世间的梦想!一整天他都在品尝所有的佳肴美食,同时尽享美色的滋味。然而,有一天,他却对这一切感到索然无味了。于是他就对侍者说:"我对这一切感到很厌烦,我需要做一些事情。你可以给我找一份工作做吗?"

他没想到,他所得到的回答却是摇头:"很抱歉,我的先生,这是我们这里唯一不能为您做的。这里没有工作可以给您。"

这个人非常沮丧,愤怒地挥动着手说:"这真是太糟糕了!那我干脆就留在地狱好了!"

"您以为,您在什么地方呢?"那位侍者温和地说。

约翰,这则很富有幽默感的寓言,似乎告诉我:失去工作就等于失去快乐。但是令人遗憾的是,有些人却要在失业之后才能体会到这一点,这真不幸!

我可以很自豪地说,我从未尝过失业的滋味,这并非我运气,而在于我从不把工作视为毫无乐趣的苦役,而能从工作中找到无限的快乐。

我认为,工作是一项特权,它带来比维持生活更多的事物。工作是所有生意的基础,所有繁荣的来源,也是天才的塑造者。工作使年轻人奋发有为,比他的父母做得更多,不管他们多么有钱。工作以最卑微的储蓄表示出来,并奠定幸福的基础。工作是增添生命味道的食盐,人们必须先爱它,工作才能给予最大的恩惠、获得最大的结果。

我初进商界时,时常听说,一个人想爬到高峰需要很多牺牲。然而,岁月流逝,我开始了解到很多正爬向高峰的人,并不是在"付出代价"。他们努力工作是因为他们真正地喜爱工作。任何行业中往上爬的人都是完全投入正在做的事情,且专心致志。衷心喜爱从事的工作,自然也就成功了。

热爱工作是一种信念。怀着这个信念,我们能把绝望的大山凿成一块希望的磐石。一位伟大的画家说得好,"痛苦终将过去,但是美丽永存"。

但有些人显然不够聪明,他们有野心,却对工作过分挑剔,一直在寻找"完美的"雇主或工作。事实是,雇主需要准时工作、诚实而努力的雇员,他只将加薪与升迁机会留给那些格外努力、格外忠心、格外热心、花更多的时间做事的雇员。因为他在经营生意,而不是在做慈善事业,他需要的

第四封
天堂与地狱比邻

是那些更有价值的人。

不管一个人的野心有多么大，他至少要先起步，才能到达高峰。一旦起步，继续前进就不太困难了。工作越是困难或不愉快，越要立刻去做。如果他等的时间越久，就变得越困难、可怕。这有点像打枪，你瞄准的时间越长，射中的机会就越渺茫。

我永远也忘不了做第一份工作——簿记员的经历。那时我虽然每天天刚蒙蒙亮就得去上班，而办公室里点着的鲸油灯又很昏暗，但那份工作从未让我感到枯燥乏味，反而很令我着迷和喜悦，连办公室里的一切繁文缛节都不能让我对它失去热心，而结果是雇主不断地为我加薪。

收入只是你工作的副产品，做好你该做的事，出色完成你该完成的工作，理想的薪金必然会来。而更为重要的是，我们劳苦的最高报酬，不在于我们所获得的，而在于我们会因此成为什么。那些头脑活跃的人拼命劳作绝不是只为了赚钱，使他们工作的热情得以持续下去的东西要比只知敛财的欲望更为高尚——他们是在从事一项迷人的事业。

老实说，我是一个野心家，从小我就想成为巨富。对我来说，我受雇的休伊特—塔特尔公司是一个锻炼我的能力、让我一试身手的好地方。它代理各种商品销售，拥有一座铁矿，还经营着两项让它赖以生存的技术，那就是给美国经济带来革命性变化的铁路与电报。它把我带进了妙趣横生、广阔绚烂的商业世界，让我学会了尊重数字与事实，让我看到了运输业的威力，更培养了我作为商人应具备的能力与素养。所有的这些都在我以后的经商中发挥了极大效能。我可以说，没有在休伊特—塔特尔公司的历练，在事业上我或许要走很多弯路。

现在，每当想起休伊特和塔特尔两位先生时，我的内心就不禁涌起感恩之情。那段工作生涯是我一生奋斗的开端，为我打下了奋起的基础，我永远对那三年半的经历感激不尽。

所以，我从未像有些人那样抱怨他的雇主，说："我们只不过是奴隶，我们被雇主压在尘土上，他们却高高在上，在他们美丽的别墅里享乐；他们的保险柜里装满了黄金，他们所拥有的每一块钱，都是压榨我们这些诚实的工人得来的。"我不知道这些抱怨的人是否想过：是谁给了你就业的机会？是谁给了你建设家庭的可能？是谁让你得到了发展自己的可能？如果你已经意识到了别人对你的压榨，那你为什么不结束压榨，一走了之？

工作是一种态度，它决定了我们快乐与否。同样都是石匠，同样在雕塑石像，如果你问他们："你在这做什么？"他们中的一个人可能就会说："你看到了，我正在凿石头，凿完这一块我就可以回家了。"这种人永远视工作为惩罚，在他嘴里最常吐出的一个字就是"累"。

另一个人可能会说："你看到了，我正在做雕像。这是一份很辛苦的工作，但是酬劳很高。毕竟我有太太和四个孩子，他们需要温饱。"这种人永远视工作为负担，在他嘴里经常吐出来的一句话就是"养家糊口"。

第四封 天堂与地狱比邻

第三个人可能会放下锤子,骄傲地指着石雕说:"你看到了,我正在做一件艺术品。"这种人永远以工作为荣,以工作为乐,在他嘴里最常吐出的一句话是"这个工作很有意义"。

天堂和地狱都是由自己建造。如果你赋予工作意义,不论工作大小,你都会感到快乐,自我设定的成绩不论高低,都会使人对工作产生乐趣。如果你不喜欢做的话,任何简单的事都会变得困难、无趣。当你叫喊着这个工作很累人时,即使你不卖力气,你也会感到精疲力竭,反之就大不相同。事情就是这样。

约翰,如果你视工作为一种乐趣,人生就是天堂;如果你视工作为一种义务,人生就是地狱。检视一下你的工作态度,那会让我们都感觉愉快。

爱你的父亲

第五封
现在就去做

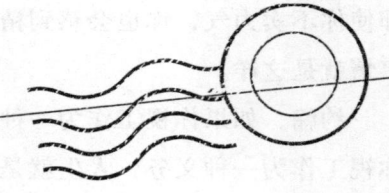

　　成功地将一个好主意付诸实践，比在家空想出一千个好主意要有价值得多。

　　坏习惯能摆布我们，左右成败。它很容易养成，但却很难伺候。

1897年11月

第五封
现在就去做

亲爱的约翰：

  聪明人说的话总能让我记得很牢。有位聪明人说得好，"教育涵盖了许多方面，但是它本身不教你任何一面"。这位聪明人向我们展示了一条真理：如果你不采取行动，世界上最实用、最美丽、最可行的哲学也无法行得通。

  我一直相信，机会是靠机会得来的。再好的构想都有缺陷，即使是很普通的计划，但如果确实执行并且继续发展，都会比半途而废的好计划要好得多，因为前者会贯彻始终，后者却前功尽弃。所以我说，成功没有秘诀，要在人生中取得正面结果，有过人的聪明智慧、特别的才艺当然好，没有也无可厚非，只要肯积极行动，你就会越来越接近成功。

  遗憾的是，很多人并没有记取这个最大的教训，结果将自己沦为了平庸之辈。看看那些庸庸碌碌的普通人，你就会发现，他们都在被动地活着，他们说的远比做的多，甚至只说不做。但他们几乎个个都是找借口的行家，他们会找各种借口来拖延，直到最后他们证明这件事不应该、没有能力去做或已经来不及了为止。

  与这类人相比，我似乎聪明、狡猾了许多。盖茨先生吹捧我是个主动做事、自动自发的行动者。我很乐意这样的吹捧，因为我没有辜负他。积极行动是我身上的另一个标识，我从不喜欢纸上谈兵或流于空谈。因为我知道，没有行动就没有结果，世界上没有哪一件东西不是由一个个想法付诸实施所得来的。人只要活着，就必须考虑行动。

很多人都承认，没有智慧的基础的知识是没用的。但更令人沮丧的是即使空有知识和智慧，如果没有行动，一切仍属空谈。行动与充分准备其实可视为物体的两面。人生必须适可而止。做太多的准备却迟迟不去行动，最后只会徒然浪费时间。换句话说，事事必须有节制，我们不能落入不断演练、计划的圈套，而必须承认现实：不论计划有多周详，我们仍然不可能准确预测最后的解决方案。

我当然不否认计划非常重要，计划是获得有利结果的第一步，但计划并非行动，也无法代替行动。就如同打高尔夫球一样，如果没有打过第一洞，便无法到达第二洞。行动解决一切，没有行动，什么都不会发生。我们无论如何也买不到万无一失的保险，但我们可以做到的是下定决心去实行我们的计划。

缺乏行动的人都有一个坏习惯：喜欢维持现状，拒绝改变。我认为这是一种深具欺骗和自我毁灭效果的坏习惯，因为一切都在变化之中，正如人会生死一样，没有不变的事物。但因内心的恐惧——对未知的恐惧，很多人抗拒改变，哪怕现状多么不令他满意，他都不敢向前跨出一步。看看那些本该事业有成却一事无成的人，你就知道不同情他们是件很难的事。

是的，每个人在决定一件大事时，心里都会或多或少有些担心、恐惧，都会面对到底要不要做的困扰。但"行动派"会用决心燃起心灵的火花，想出各种办法来完成他们的

第五封 现在就去做

心愿,更有勇气克服种种困难。

很多缺乏行动的人大都很天真,喜欢坐等事情自然发生。他们天真地以为,别人会关心他们的事。事实上,除了自己以外,别人对他们不大感兴趣。人们只对自己的事情感兴趣。例如一桩生意,我们获利比重越高,就要越主动采取行动,因为成败与别人的关系不大,他们不会在乎的。这时候,我们最好把它推一把,如果我们怠惰、退缩,坐等别人采取主动来推动事情的话,结果必定会令人失望。

一个人只有自己依靠自己,他才不会让自己失望,并能增加自己控制命运的机会。聪明人只会去促使事情发生。

人生中最令人感到挫折的,莫过于想做的事太多,结果不但没有足够的时间去做,反而想到每件事的步骤繁多,而被做不到的情绪所震慑,以致一事无成。我们必须承认,时间有限,任何人都无法做完所有的事情。聪明人知道,并非所有的行动都会产生好的结果,只有明智的行动才能带来有意义的结果。所以聪明人只会选取做了以后获得正面效果的工作,做与完成最大目标有关的工作,而且专心致志。所以聪明人总能做出最有价值的贡献,并得到很多好处。

要吃掉大象需要一口一口地吃,做事也是一样,想完成所有的事情,只会让机会溜掉。我的座右铭是,洛克菲勒对紧急事件采取不公平待遇。

很多人都是自己使自己变成一个被动者的,他们想等到所有的条件都十全十美,也就是时机对了以后才行动。人生随时都是机会,但是几乎没有十全十美的。那些被动的人平庸一辈子，恰恰是因为他们一定要等到每一件事情都百分之百的有利，万无一失以后才去做。这是傻瓜的做法。我们必须向生命妥协，相信手上的正是目前需要的机会，才会将自己挡在陷入行动前永远痴痴等待的泥沼之外。

我们追求完美，但是人类的事情没有一件绝对完美，只有接近完美。等到所有条件都完美以后才去做，只能永远等下去，并将机会拱手让给他人。那些要等到所有事情都已经准备妥当才出发的人，将永远也离不开家。要想变成"我现在就去做"的那种人，就是停止一切白日梦，时时想到现在，从现在就开始做。诸如"明天""下礼拜""将来"之类的句子，跟"永远不可能做到"意义相同。

每个人都有失去自信，怀疑自己能力的时候，尤其是在逆境中。但真正懂得行动艺术的人，却可以用坚强的毅力克服它，会告诉自己每个人都有失败的时候，有失败得很惨的时候，会告诉自己不论事前做了多少准备、思考多久，真正着手做的时候，都难免会犯错误。然而，被动的人，并不把失败视为学习和成长的机会，却总在告诫自己：或许我真的不行了，以致失去了积极参与未来的行动。

很多人都相信心想事成，但我却将其视为谎言。好主意一毛钱能买一打，最初的想法只是一连串行动的起步，接下来需要第二阶段的准备、计划和第三阶段的行动。在我们这个世界上从来不缺少有想法有主意的人，但懂得成功地将一个好主意付诸实践比在家空想出一千个好主意要有价值得多的人却很少。

第五封 现在就去做

人们用来判断你的能力的真正基础，不是你脑子里装了多少东西，而是你的行动。人们都信任脚踏实地的人，他们都会想：这个人敢说敢做，一定知道怎么做最好。我还没听过有人因为没有打扰别人、没有采取行动或要等别人下令才做事而受到赞扬的。那些在工商界、政府、军队中的领袖，都是很能干又肯干的人、百分之百主动的人。那些站在场外袖手旁观的人永远当不成领导人物。

不论是自动自发者还是被动的人，都是习惯使然。习惯有如绳索，我们每天纺织一根绳索，最后它粗大得无法折断。习惯的绳索不是带领我们到高峰就是引领我们到低谷，这主要得看是好习惯或坏习惯了。坏习惯能摆布我们，左右成败。它很容易养成，但却很难伺候。好习惯很难养成，但很容易维持下去。

要有现在就做的习惯，最重要的是要有积极主动的精神，戒除精神散漫的习惯，要决心做个主动的人，要勇于做事，不要等到万事俱备以后才去做，永远没有绝对完美的事。培养行动的习惯，不需要特殊的聪明智慧或专门的技巧，只需要努力耕耘，让好习惯在生活中开花结果即可。

儿子，人生就是一场伟大的战役。为了胜利，你需要行动，再行动，永远行动！这样，你的安全就能得到保障。

祝圣诞节快乐！我想没有比在此时送给你这封信更好的圣诞礼物了。

爱你的父亲

第六封
幸运之神眷顾勇者

格言

你的行为像个赢家，你就很可能去做更多赢家该做的事，从而改变你的"运气"。

机运就在你的选择之中。

如果你有百分之五十一的时间做对了，那么你就会变成英雄。

1898年10月

第六封
幸运之神眷顾勇者

亲爱的约翰：

几天前你的姐姐塞迪兴高采烈地告诉我，她一头栽进了幸运里，说她手里的股票就像百依百顺听她使唤的奴隶，正在帮她将大把大把的钱拿回家。

我想现在塞迪可能已经快乐疯了，但我不希望她被那些钱弄得得意忘形而乱了方寸。我告诉她，小心相信运气会把自己扔到失败的田野上。

几乎每一位事业有成的人都在警告世人：你不能靠运气活着，尤其不能靠运气来建立事业生涯。有趣的是，大部分的人对运气深信不疑，我想他们是错把机会当运气了。没有机会就没有运气。

约翰，想一想你认识的那些幸运儿，你几乎可以确定，他们都不是温良恭俭的人。也几乎可以非常确定，他们总是散发出自信的光辉和天下无难事的态度，甚至会显得非常大胆。这其中潜藏着一个鸡生蛋、蛋生鸡的问题，幸运儿是因为幸运才表现得自信和大胆，还是他们的"运气"是自信和大胆的结果呢？我的答案是后者。

幸运之神眷顾勇者，是我一生尊奉的格言。胜利不一定属于强者，高度警惕、生气勃勃、勇敢无畏的人也会获胜。当然，也有人相信谨慎胜过勇敢。但勇敢和大胆比谨慎更引人注目、更受欢迎，且更有吸引力，懦弱根本不能与之相比。

我从未见过不欣赏自信果决的人,每个人都是自信果决的人的支持者,期望这样的人担任领袖。而我们之所以受他们吸引,就在于他们有着强大的吸引力。所以,勇敢的人常常会比较成功,会较容易担任领袖、总裁和司令官。那些迅速升职的人都属于这样的人。

经验告诉我,大胆果决的人,能完成最好的交易,能吸引他人的支持,结成最有力的盟约。而那些胆小、犹豫的人却难以捞到这样的好处。不仅如此,大胆的方法对自己也大有裨益。有自信的人期望成功,他们会配合自己的期望,设计所有的计划以追求成功。

当然,这样做不能保证会绝对成功,却能自然而然地推出对成功的展望。换句话说,如果你觉得自己是赢家,你的行为就会像个赢家;如果你的行为像个赢家,你就很可能去做更多赢家该做的事,从而改变你的"运气"。

真正的勇者并非不可一世的狂妄之徒,更不是没有脑子的莽汉。勇者知道运用预测和判断力,计划每一步和做每一个决定,这种做法就像军事策略家所说的那样,会让你力量大增,也就是拥有一种武器,能立刻形成明显的优势,帮你战胜对手。这让我想起了十几年前,大胆决定买下莱玛油区的事情。

在此之前,石油界没有一天停止过对原油将会枯竭的恐惧,连我的助手都开始恐惧在石油上不能长期渔利,悄悄地卖着公司的股票;而有的人甚至建议,公司应该及早退出石油业,转行做其他更为稳定的生意,否则我们这艘大船就将永远

第六封
幸运之神眷顾勇者

不能返航。作为领袖,面对悲观送出的应该永远是希望而不是哀叹,我告诉那些惶恐中的人们:上帝会赐予我们一切。

再次感觉上帝温暖的抚摸,是人们在俄亥俄州莱玛镇发现石油的时候。只是莱玛的石油散发着用常规方法都不能去掉的臭味,深深打击了很多人想从那里大赚一把的信心。但我对莱玛油田充满信心,我可以预见到一旦我们独占莱玛,我们就将具有统治石油市场的强大力量。机会来了,我郑重地告诉公司的董事们:这是千载难逢之机,是该把钱投到莱玛的时候啦!

非常遗憾,我的意见遭到了胆小怕事者的反对。

强加于人不符合我的性格,我寄希望于通过和颜悦色的讨论,让大家最终能统一到我的意见上来。

那是一次漫长而没有结果的等待。我忧心忡忡,我们建起了全球规模的巨型炼油厂,它就像一个饥饿的婴儿对母亲的奶汁贪得无厌一样,需要吃掉源源不断的原油。但宾州的油田正在凋敝,其他几个小油田业已开始减产,长此下去我们只得依赖俄罗斯的原油。几乎可以肯定,俄国人一定会利用他们对油田的控制,削弱我们的力量,甚至彻底击败我们,把我们赶出欧洲市场。但是,一旦我们拥有了莱玛的石油资源,我们就会继续做赢家。不能再等了,是我该行动的时候啦!

正像我所预想的那样,在董事会上保守派依然说"不"。但我以令反对派大吃一惊的方式,降伏了他们,我说:先生们,如果不想让我们这艘巨轮沉下去,我们必须保

洛克菲勒
写给儿子的 *38* 封信

证我们的原油供应。现在，蕴藏在莱玛地下的石油正向我们招手，它将带来令我们目眩的巨额财富。看在上帝的分上，请不要说那带有臭味的液体没有市场，我相信上帝赐予我们的东西都有其价值，我相信科学会扫除我们的疑虑。所以，我决定用我自己的钱进行这项投资，并情愿承担两年的风险。如果两年以后成功了，公司可以把钱还给我；如果失败了，就由我自己承担一切损失。

我的决心与诚意打动了我最大的反对者普拉特先生，他眼中闪动着泪光，激动地对我说："约翰，我的心被你俘虏了，既然你认为应该这样做，我们就一起干吧！你能冒这个险，我也能！"——荣俱荣、一损俱损的合作精神，是我们不断强大的精神支柱。

我们成功了。我们倾尽全力将巨资投到了莱玛，其回报更是巨大，我们将全美最大的原油生产基地控制在了自己的手中。而在莱玛的成功又加剧了我们的活力，支配我们开始了在石油业前所未有的大收购。结果正像我们预想的那样，我们成为石油领域最令人畏惧的超级舰队，取得了不可动摇的统治地位。

约翰，态度有助于创造运气，而机运就在你的选择之中。如果你有百分之五十一的时间做对了，那么你就会变成英雄。

这是我关于幸运的最深体会。

爱你的父亲

第七封
为前途抵押

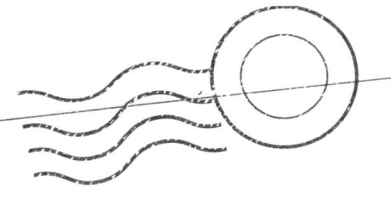

不论是要赢得财富,还是要赢得人生,优秀的人在竞技中想的不是输了我会怎样,而是要成为胜利者我应该做什么。

借钱是为了创造好运。

1899年8月

洛克菲勒
写给儿子的 38 封信

亲爱的约翰：

我能够理解，为什么你用借我的钱去股市闯荡总让你感觉有些不安。因为你想赢，却又怕在那个冒险的世界里输，而输掉的钱不是你的，是借来的，还得支付利息。

这种输不起的感受，在我创业之初，乃至较有成就之后，似乎一直都在统治着我。每次借款前，我都会在谨慎与冒险之间徘徊，苦苦挣扎，甚至夜不能眠，躺在床上就开始算计如何偿还欠款。

常有人说，冒险的人经常失败。但白痴又何尝不是如此？在我恐惧失败过后，我总能打起精神，决定去再次借钱。事实上，为了进步我没有其他道路可寻，我不得不去银行贷款。

儿子，呈现在我们眼前的，经常是巧妙化解棘手问题的大好良机。借钱不是件坏事，它不会让你破产，只要你不把它看成像救生圈一样，只在危机的时候使用，而把它看成一种有力的工具，你就可以用它来开创机会。否则，你就会掉入恐惧失败的泥潭，让恐惧束缚住你本可大展宏图的双臂，而终无大成。

我所熟知或认识的富翁中间，只靠自己一点一滴、日积月累挣钱发达的人少之又少，更多的人是因借钱而发财，这其中的道理并不深奥，一块钱的买卖远远比不上一百块钱的买卖赚得多。

第七封
为前途抵押

不论是要赢得财富,还是要赢得人生,优秀的人在竞技中想的不是输了我会怎样,而是要成为胜利者我应该做什么。

借钱是为了创造好运。如果抵押一块土地就能借得足够的现金,让我独占一块更大的地方,那么我会毫不迟疑地抓住这个机会。在克里夫兰时,我为扩张实力、夺得克里夫兰炼油界头把交椅地位,我曾多次欠下巨债,甚至不惜把我的企业抵押给银行。结果是我成功了,我创造了令人震惊的成就。

儿子,人生就是不断抵押的过程,为前途我们抵押青春,为幸福我们抵押生命。因为如果你不敢逼近底线,你就输了。为成功我们抵押冒险不值得吗?

谈到抵押,我想告诉你,在我从银行家手里接过巨款时,我抵押出去的不光是我的企业,还有我的诚实。我视合同、契约为神圣的东西,我严格遵守合同,从不拖欠债务。我对投资人、银行家、客户,包括竞争对手,从不忘以诚相待,在同他们讨论问题时我都坚持讲真话,从不捏造或含糊其词,我坚信谎言在阳光下就会现形。

付出诚实的回报是巨大的,在我没有走出克里夫兰前,那些了解我品行的银行家们,曾一次次把我从难以摆脱的危机中拯救出来。

我清楚地记得,有一天,我的一个炼油厂突然失火,损失惨重。由于保险公司迟迟不能赔付保险金,而我又急需一笔钱重建瓦砾中的企业,我只得向银行追加贷款。现

洛克菲勒
写给儿子的 38 封信

在一想起那天银行贷款的情景就让我激动不已。本来在那些缺乏远见的银行家眼里，炼油业早已是高风险行业，向这个行业提供资金不亚于是在赌博。再加上我的炼油厂刚刚被毁于一炬，所以有些银行董事对我追加贷款犹豫不决，不肯立即放贷。

就在这时，一个善良的人，斯蒂尔曼先生，让一名职员提来他自己的保险箱，向着其他几位董事大手一挥说："听我说，先生们，洛克菲勒先生和他的合伙人都是非常优秀的年轻人。如果他们想借更多的钱，我恳请诸位要毫不犹豫地借给他们。如果你希望更保险一些，这里就有，想拿多少就拿多少。"我用诚实征服了银行家。

儿子，诚实是一种方法，一种策略。因为我支付诚实，所以我赢得了银行家乃至更多人的信任，也因为它渡过一道道难关，踏上了快速的成功之路。

今天，我无须再求助于任何一家银行，我就是我自己的银行，但我永远都在感激那些曾鼎力帮助过我的银行家们。

你的未来可能是管理企业，你需要知道，经营企业的目的是要赚钱。扩大企业能够赚钱，但是把企业拿出去抵押也是管理和运用金钱的重要事项。如果你只注重一种功能，而忽视另一种功能，就会招致失败；在最糟糕的情形下，可能会造成财务崩溃，在较好的情形下，也许会错失很多机会。

管理和运用金钱与决心赚钱不同，需要有不同的信念。要管理和运用金钱，你必须乐于亲自动手、亲自管理数字，不能只是空谈管理和策略。上帝表现在细节之中。如果你忽视这些细节，或是超脱细节，把这种"杂事"授权给别人去做，就等于至少忽视了你事业经营的一半重要责任。细节永远不应该妨碍热情，成功的做法是你要记住两点：一个是战术，另一个是战略。

　　儿子，你正朝着赢得一场伟大人生的位置前进，这是你一直以来的目标，你需要勇敢，再勇敢。

爱你的父亲

第八封

最可怕的是精神破产

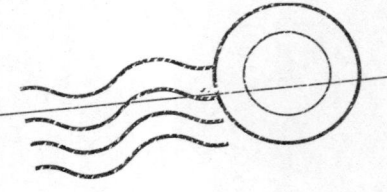

格言

　　一旦避免失败变成你做事的动机,你就走上了怠惰无力的路。

　　你利用了机会,就是在剥夺别人的机会,保证着自己。

　　只要不变成习惯,失败是件好事。

1899年9月

第八封
最可怕的是精神破产

亲爱的约翰：

你近来的情绪过于低落了，这很是让我难过。我能真切地感受到，你还在为那笔让你赔进一百万的投资感到耻辱和羞愧，以致终日闷闷不乐、忧心忡忡。其实，这大可不必，一次失败并不能说明什么，更不会在你的脑门上贴上无能者的标签。

快乐起来，我的儿子。你需要知道，这个世界上的每个人都没有顺遂的人生；相反，却要时刻与失败比邻而居。也许正因为这个世界上有太多太多无奈的失败，追求卓越才变得魅力十足，让人竞相追逐，甚至不惜以生命为代价。即便如此，失败还是要来。

我们的命运也依然如是。只是与有些人不同，我把失败当作一杯烈酒，咽下去的是苦涩，吐出来的却是精神。

在我信誓旦旦跨入商界，跪下来恳求上帝保佑我们新开办的公司之时，一场灾难性的风暴便袭击了我们。当时我们签订了一笔合同，要购进一大批豆子，准备大赚一把。但没有想到一场突然"来访"的霜冻击碎了我们的美梦，到手的豆子毁了一半，而且有失德行的供货商还在里面掺加了沙土和细小的豆叶、豆秸。这注定是一笔要做砸了的生意。但我知道，我不能沮丧，更不能沉浸在失败之中，否则，我就会离我的目标、梦想越来越远。

天下没有白吃的午餐，更不可能维持现状，如果静止不动,就是退步,但要前进,必须乐于做决定和冒险。那笔生意失败之后,我再次向我的父亲借债,尽管很不情愿这么做。而且,为使自己在经营上胜人一筹,我告诉我的合伙人克拉克先生,我们必须宣传自己,通过报纸广告让我们的潜在客户知道,我们能够提供大笔的预付款,并能提前供应大量的农产品。

结果,胆识加勤奋拯救了我们,那一年我们非但没有受"豆子事件"的影响,反而赚到了一笔可观的纯利。

人人都厌恶失败,然而,一旦避免失败变成你做事的动机,你就走上了怠惰无力之路。这非常可怕,甚至是种灾难。因为这预示着人可能要丧失原本可能有的机会。

儿子,机会是稀少的东西,人们因机会而发迹、富有。看看那些穷人你就知道,他们不是无能的蠢材,他们也不是不努力,他们是苦于没有机会。你需要知道,我们生活在弱肉强食的丛林之中,在这里你不是吃人就是被别人吃掉,逃避风险几乎就是保证破产;而你利用了机会,就是在剥夺别人的机会,保证着自己。

害怕失败就不敢冒险,不敢冒险就会错失眼前的机会。所以,我的儿子,为了避免丧失机会、保住竞争的资格,我们支付失败与挫折是值得的!

失败是走上更高地位的开始。我可以说,我能有今天的成就,是踩着失败的螺旋阶梯升上来的,是在失败中崛起的。我是一个聪明的"失败者",我知道向失败学习,从失败的经验中汲取成功的因子,用自己不曾想到的手段,去开

第八封
最可怕的是精神破产

创新事业。所以我想说，只要不变成习惯，失败是件好事。

我的座右铭是，人始终要保持活力，永远坚强、坚毅，不论遭遇怎样的失败与挫折，这是我唯一能做的事情。我自己能够理解，我做什么才会让自己感到快乐，什么东西值得自己为之效命。根本的期望，就像清洁工手中的扫把，将扫尽你成功路上的所有垃圾。儿子，你自己根本的期望在哪里？只要你不丢掉它，成功必将到来。

乐观的人在苦难中会看到机会，悲观的人在机会中会看到苦难。儿子，记住我深信不疑的成功公式：

梦想+失败+挑战=成功之道。

当然，失败有它的杀伤力，它可以让人萎靡、颓废，丧失斗志和意志力。重要的是你将失败看作什么。天才发明家托马斯·爱迪生先生，在用电灯照亮摩根先生的办公室前，共做了一万多次实验，在他那里，失败是成功的试验田。

十年前，《纽约太阳报》一位年轻记者采访了他。那位少经世事的年轻人问他："爱迪生先生，您目前的发明曾经失败过一万次，您对这些有什么看法？"爱迪生对"失败"一词很不受用，他以长者的口吻跟那位记者说："年轻人，你的人生旅程才刚刚开始，所以我告诉你一个对你未来很有帮助的启示，我没有失败过一万次，我只是发明了一万种行不通的方法。"精神的力量永远如此巨大。

儿子，你要宣布精神破产，你就会输掉一切。你需要知道，人的事业就如同浪潮，如果你踩到浪头，功名随之而来；而一旦错失，则终其一生都将受困于浅滩与悲哀。

失败是一种学习经历，你可让它变成墓碑，也可以让它变成踏脚石。

没有挑战就没有成功，不要因为一次失败就停下脚步，战胜自己，你就是最大的胜者！

我对你很有信心。

爱你的父亲

第九封
忠诚于自己

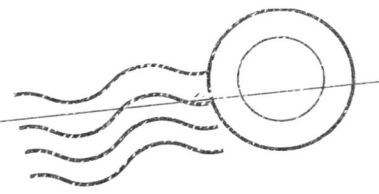

　　命运给予我们的不是失望之酒,而是机会之杯。

1899年11月

亲爱的约翰：

心情好一点了吗？如果还没有，我想，你需要了解点什么。

你需要知道，在这个世界上，绝大多数的人都不免受一种特殊力量的驱使。这种力量可以轻而易举地剥落紧裹我们人性的外衣，将我们完全裸露在阳光下，并公正地将我们圈定在纯洁与肮脏的图版上，以致让我们所有的辩护都变得苍白无力，无论我们多么伶牙俐齿。它就是检验我们人性的试金石：利益。

换句话说，利益是光照人性的影子，在它面前，一切与道德、伦理有关的本质都将现形，且一览无遗。也许你认为我的话有些绝对，但我的经历就是这样告诉我的。

我可以断言，在这个世界上，除去神，没有不追逐利益的人。自你走入人与人往来的那一刻起，一场旷日持久的人生谋利游戏就开始了。在这场游戏中，人人都是你的敌人，包括你自己，你需要与自己的弱点对抗，并与所有将快乐建筑在你的痛苦之上的恶行而战。

儿子，请不要误会我，我无意要将我们这个世界涂上一层令人压抑、窒息的灰色；事实上，我渴望友谊、真诚、善良和一切能滋润我心灵的美好情感，我也相信它们一定存在。然而，很遗憾，在追名逐利的商场中，我难以得到这种满足，却要经常遭遇出卖和欺骗的打击。直到今天，我还能

第九封
忠诚于自己

清晰地记得数次被骗的经历，那才叫刻骨铭心。

最令我痛心的一次被骗发生在克里夫兰。当时炼油业因生产过剩几乎无利可图，很多炼油商已经跌落到破产的边缘。还有，克里夫兰远离油田，这就意味着与那些处在油田的炼油厂相比，我们因要付出高昂的长途运输费用而使自己处于不平等的地位。我决心改变它，要大规模收购在死亡线上挣扎的炼油厂，形成合力、统一行动，让每个人的钱包都鼓起来。

我告诉那些濒临倒闭的炼油厂厂主，我们在克里夫兰处于不利地位，为共同保护自己，我们必须要做些什么。我认为我的计划很好，请认真想一想。如果你感兴趣，我们会很高兴与你共同磋商。也由于善良的愿望和战略上的考虑，我买下了许多毫无价值的工厂，它们就像陈旧的垃圾，只配扔到废铁堆里。

但有些人竟然如此邪恶、自私和忘恩负义。他们拿到我的钱后便与我为敌，肆无忌惮地撕毁与我达成的协议，卷土重来，用废铁变成金子的钱购置设备，重操旧业，并公开敲诈我，要我买下他们的工厂。这些人都曾要求我诚实，让我出个好价钱收购他们瘫痪的工厂，我做到了，然而，结果却令人痛心。在那一刻我的心情糟透了，我甚至自责我不该太诚实，不该太善良，否则我也不会落到四面楚歌、一筹莫展的境地。

最令我不可接受的，是在谋利游戏中，今天的朋友会变成明天的敌人。这种情形常有发生，我的两位教友就曾无节制地多次蒙骗我。看在上帝的分上,我不想历数他们的罪恶。但我可以告诉你,当我知道我一直被他们欺骗的时候,我震惊了。我不明白与我一同祷告、虔诚地发誓要摈弃骄傲、纵欲和贪婪之心的人,何以如此卑鄙!

历经种种欺骗与谎言,我无奈地告诉自己:你只能相信自己,只有如此,你才不会被人蒙骗。我知道这种略带敌意的心态不好,但这个世界有太多太多的欺骗,提防是我们不可或缺的生存技能。

儿子,命运给予我们的不是失望之酒,而是机会之杯。振作起来!发生在华尔街的那件事,并没有什么了不得,那只是你太相信别人而已。不过,你需要知道,好马不会在同一个地方跌倒两次。

爱你的父亲

第十封
运气靠策划

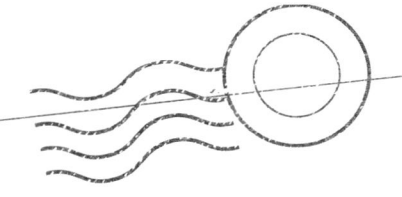

 格言

每个人都是他自己命运的设计者和建筑师。
我不靠天赐的运气活着,但可以策划运气发达。
设计运气,就是设计人生。
等待运气的时候,你要知道如何引导运气。

1900年

洛克菲勒
写给儿子的 38 封信

亲爱的约翰：

有些人注定要成为令人炫目的王者或伟人，因为他们非凡的才能。譬如，老麦考密克先生，他长着一颗能制造运气的脑袋，知道如何将收割机变成收割钞票的镰刀。

在我眼里，老麦考密克永远是位野心勃勃且具商业才能的实业巨子。他用收割机解放了美国农民，同时也把自己送入全美最富有者的行列。法国人似乎更喜欢他，盛赞他为"对世界最有贡献的人"。哦，这真是一个意外的收获。

这位原本只能做个普通农具商的商界奇才，说过一句深奥的名言："运气是设计的残余物质。"

这句话听起来的确让人颇费脑筋。它是指运气是策划和策略的结果，还是指运气是策划之后剩余的东西呢？我的经验告诉我，这两种意义都存在。换句话说，我们创造自己的运气，我们任何行动都不可能把运气完全消除，运气是策划过程中难以摆脱的福音。

麦考密克洞悉了运气的真谛，打开了运气过来的大门。所以，我对麦考密克收割机能行销全球，成为日不落产品，丝毫不感到奇怪。

然而，在我们这个世界上，很难找到像麦考密克先生那样善于策划运气的人，也很难找到不相信运气和不误解运气的人。

在凡夫俗子眼里，运气永远是与生俱来的，只要发现有

第十封
运气靠策划

人在职务上获得升迁、在商海中势如破竹，或在某一领域取得成功，他们就会很随便甚至用轻蔑的口气说："这个人的运气真好，是好运帮了他！"这种人永远不能窥见一个让自己赖以成功的伟大真理：每个人都是他自己命运的设计师和建筑师。

我承认，就像人不能没有金钱一样，人不能没有运气。但是，要想有所作为就不能等待运气光顾。我的信条是。我不靠天赐的运气活着，但可以策划运气发达。我相信好的计划会左右运气，甚至在任何情况下，都能成功地影响运气。我在石油界实施的变竞争为合作的计划恰恰验证了这一点。

在那项计划开始前，炼油商们各自为战，利欲熏心，结果引发了毁灭性的竞争。这种竞争对消费者来说当然是个福音，但油价下跌对炼油商却是个灾难。那时候绝大多数炼油商做的都是亏本生意，正一个一个滑入破产的泥潭。

我很清楚，要想重新有利可图并将钱永远地赚下去，就必须驯服这个行业，让大家理性行事。我把它视为一种责任，然而这很难做到，这需要一个计划——一个将所有炼油业务置于我麾下的计划。

约翰，要在获取利益的猎场上成为好猎手，你需要勤于思考、做事小心，要看到事物中一切可能存在的危险和机遇，同时又要像一个棋手那样研究所有可能危及你霸主地位的各种战略。我彻底研究了形势并评估了自己的力量，决定将大本营克里夫兰作为我发动统治石油工业战争的第一战场。待征服在那里的二十几家竞争对手之后，再迅速行动，开辟第二战场,直至将那些对手全部征服,建立石油业的新秩序。

就像战场上的指挥官,选择攻击什么样的目标,要首先知道选择什么样的火器才最奏效一样。要想成功实现将石油业统一到我麾下的计划,需要一个彻底解决问题的手段,那就是钱。我需要大量的钱去买下那些生产过剩的炼油厂。但我手头上的那点资金不足以实现我的计划,所以我决定组建股份公司,把行业外的投资者拉进来。很快我们以百万资产在俄亥俄注册成立了标准石油公司,第二年资本大幅扩张了三倍半。但何时动手却是个问题。

富有远见的商人总是善于在每次灾难中寻找机会,我就是这样做的。在我们开始征服之旅前,石油业一片混乱,一天比一天没有希望,克里夫兰百分之九十的炼油商已经快被日益剧烈的竞争压垮,如果不把厂子卖掉,他们就只能眼睁睁地看着自己走向灭亡。这是收购对手的最好时机。

在此时采取收购行动,似乎不太道德,但这的确与良知无关。企业就如战场,战略目标的意义就是要造成对己方最有利的状态。出于战略上的考虑,我选择的第一个征服目标不是不堪一击的小公司,而是最强劲的对手克拉克—佩恩公司。这家公司在克里夫兰很有名望,且野心勃勃,想要吃掉我的明星炼油厂。

但在对手决定之前,我总要先下手为强。我主动约见克拉克—佩恩公司最大的股东,我中学时代的老朋友,奥利弗·佩恩先生。我告诉他,石油业混乱、低迷的时代该结束

第十封 运气靠策划

了。为保护无数家庭赖以生存的这个行业,我要建立一个庞大、高绩效的石油公司,并欢迎他入伙。我的计划打动了佩恩,最后他们同意以40万元的价格出售公司。

我知道克拉克—佩恩公司根本不值这个价钱,但我没有拒绝他们,吃掉克拉克—佩恩公司就意味着我将取得世界最大炼油商的地位,将为迅速把克里夫兰的炼油商捏合在一起充当强力先锋。

这一招果然十分奏效。在以后不到两个月的时间里,就有二十二家竞争对手归于标准石油公司的麾下,并最终让我成为那场收购战的大赢家。而这又给我势不可挡的动力,在此后三年时间里,我连续征服了费城、匹兹堡、巴尔的摩的炼油商,成为全美炼油业的唯一主人。

今天想来,我真是幸运,如果当时我只感叹自己时运不济、随波逐流,我或许早已被征服掉了。但我策划出了我的运气。

世界上什么事都可以发生,就是不会发生不劳而获的事,那些随波逐流、墨守成规的人,我不屑一顾。他们的大脑被错误的思想所盘踞,以为能全身而退就值得沾沾自喜。

约翰,要想让我们好运连连,我们必须要精心策划运气,而策划运气,需要好的计划,好的计划一定是好的设计,好的设计一定能够发挥作用。你需要知道,在构思好的设计时,要首先考虑两个基本的先决条件,第一个条件是知道自己的目标,譬如你要做什么,甚至你要成为什么样的人;第二个条件是知道自己拥有什么资源,譬如地位、金钱、人际关系，乃至能力。

　　这两个基本条件的顺序并非绝对不能改变，你可能先有一个构想、一个目标，才开始寻找适于这些资源的目标。还可以把它们混合一处，形成第三和第四种方法。例如拥有某种目标和某种资源，为实现目标，你必须选择性地创造一些资源，也可能拥有一些资源和某个目标，你必须根据这些资源，提高或降低目标。

　　你根据资源调整目标或根据目标调整资源之后，就有了一个基础——可以据以构思设计的结构，剩下的东西就是用手段与时间去填充，和等待运气的来临了。

　　你需要记住，我的儿子，设计运气，就是设计人生。所以在等待运气的时候，你要知道如何引导运气。试试看吧。

爱你的父亲

第十一封
要有竞争的决心

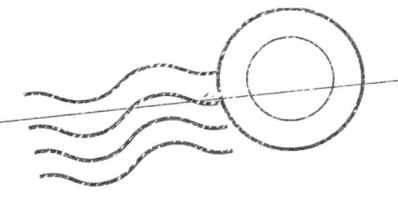

　　即使输了，唯一该做的就是光明磊落地去输。

　　拐杖不能取代强健有力的双脚，我们要靠自己的双脚站起来。

1901年3月

洛克菲勒
写给儿子的 38 封信

亲爱的约翰：

我有一个不好的消息要告诉你，本森先生去世了，就在昨晚。我很难过。

本森先生是我昔日的劲敌，也是我为数不多的受我尊重的对手之一，他卓尔不群的才干、顽强的意志和优雅的风度留给我深刻的印象。

直到今天，我还记得在我们结盟之后，他跟我开的那个玩笑，他说："洛克菲勒先生，您是一个毫不手软而又完美的掠夺者，输给那些坏蛋，会让我非常难过，因为那就像遭遇了抢劫，但与您这种循规蹈矩的人交手，不管输赢，都会让人感到快乐。"

当时，我分不清本森是在恭维我还是在赞美我，我告诉他："本森先生，如果你能把掠夺者换成征服者，我想我会乐意接受的。"他笑了。

我非常敬佩那些在大敌当前依然英勇奋战的勇士，本森先生就是这样的人。本森在与我为敌前，我刚刚击败了全美最大的铁路公司——宾州铁路公司，并成功制服了全美第四家也是最后一家大型铁路公司——巴尔的摩·俄亥俄铁路公司。就这样，连同我最忠实的盟友——伊利铁路公司和纽约中央铁路公司，全美四大铁路公司全都成为我手中驯服的工具。

与此同时，标准石油公司的输油管道一点一点延伸到油

第十一封
要有竞争的决心

田,更让我获得了连接油井和铁路干线所有主要输油线的绝对控制权。

坦率地说,那时我的势力已经延伸到采油、炼油、运输、市场等石油行业的各个角落。如果我说我手中握有采油商、炼油商的生杀大权,绝非大话,我可以让他们腰缠万贯,也可以让他们一钱不值。但的确有人无视我的权威,例如本森先生。

本森先生是个有雄心的商人,他要铺设一条从布拉德福德油田到威廉斯波特的输油管道,去拯救那些唯恐被我击垮,而急欲摆脱我束缚的独立石油生产商们。当然,想从中大捞一把的念头更支配着他勇闯我的领地。

这条连接宾州东北部与西部的输油管线,从一开始就以惊人的速度在向前铺进。这引起我极大关注。约翰,任何竞争都不是一场轻松的游戏,而是活力十足、需要密切注意、不断做出决定的游戏,否则,稍不留神你就输了。

本森先生在制造麻烦,我必须让他住手。起初我用了一套显然并不高明的手法与本森开始较量:我高价买下一块沿宾州州界由北向南的狭长土地,企图阻止本森前进的步伐。但本森采取绕行的办法,化解了我打出的重拳,结果我成了无所作为的地主,却让那里的农民一夜暴富。接着我动用了盟友的力量,要求铁路公司绝不能让任何输油管道跨越他们的铁路。本森如法炮制,再次成功突围。最后我想借助政府的力量来阻击本森,但没有成功,只能眼睁睁地看着本森成为英雄。

我知道，我遇到了难以征服的劲敌，但他无法动摇我竞争的决心，因为那条长达110英里的管道是我最大的威胁。如果任由原油在那里毫无阻碍地流淌，流到纽约，那么本森他们就将取代我成为纽约炼油业的新主人，同时也将使我失去对布拉德福德油田的控制。这是我不能允许的。

当然，我并不想赶尽杀绝，困死他们。我真正的目标是希望不用太高的价格，就能得到我想要的东西——不能让本森他们胡来，破坏我费尽心计才建立起来的市场秩序，毁了我对石油业的控制权，这可是我的生命。所以，当那条巨蛇即将开始涌动的时候，我向本森提议，我想买他们的股票。但很不幸，他们拒绝了。

这激怒了我们很多人。主管公司管道运输业务的奥戴先生要用武力毁了它，以惩罚那些不知好歹的家伙。我厌恶这种邪恶而下作的想法，只有无能的人才会干这类令人不齿的勾当。我告诉奥戴：杀了你那个愚蠢的想法！我从来没有想到会输，但是即使输了，唯一该做的就是光明磊落地去输。

如果谁能在背后搞鬼而没有被人抓到，他几乎一定会获得竞争优势。但是，邪恶和不道德的行为非常危险，它会让他丧失尊严，甚至可能坐牢。而任何欺骗和不道德的行为都无法持久，都不能成为可靠的企业策略，这只会破坏大局，使未来变得越发困难，甚至不可能再有机会。我们一定要讲究规矩，因为规矩可以创造关系，关系会带来长久的业务，好的交易会创造更多的交易，否则，我们将提前结束我们的好运。

第十一封
要有竞争的决心

就我的本性而言，我不迎接竞争，我摧毁竞争者。但我不需要不光明的胜利，我要赢得美满、彻底而体面。就在本森洋洋得意地享受他成功快乐的时候，我向他发动了一系列令他难以招架的攻势。我派人给储油罐生产商送去大批订单，要求他们保证生产、按时交货，令他们无暇顾及其他客户，包括本森。没有储油罐，采油商只能将开采的原油倾泻到荒野上，那么本森先生接受的就不是待运的石油，而是大声的抱怨了。与此同时，我大幅降低管道运输价格，将大批靠本森运送原油的炼油商吸引过来，变为了我们的客户。而在此前我已迅速收购了在纽约的几家炼油厂，以阻止它们成为本森一伙的客户。

一个优秀的指挥官，不会攻打与他无关的碉堡，而是要全力摧毁那个足以攻陷全城的碉堡。我的每一轮攻击都打在致使本森先生无油可运之处，我成为胜利者。那条被称为全美最长的输油管道建成未足一年，本森先生投降了，他主动提出与我讲和。我知道这不是他们的本意，但他们很清楚，如果再与我继续对抗下去，等待他们的就只能是败得更惨。

约翰，每一场至关重要的竞争都是一场决定命运的大战，"后退就是投降！后退就将沦为奴隶！"战争既已不可避免，那就让它来吧！而在这个世界上，竞争一刻都不会停止，我们也便没有休息的时候。我们所能做的，就是带上钢铁般的决心，走向纷至沓来的各种挑战和竞争，而且要情绪高昂并乐在其中，否则，就不会产生好的结果。

要想在竞争中获胜，较为关键的是你要保持警觉。当你不断地看到对手想削弱你的时候，那就是竞争的开始。这时你需要知道自己拥有什么，也需要知道友善、温情可能会害了你，而后就是动用所有的资源和技巧，去赢得胜利。

当然，要想在竞争中获胜，勇气只是赢得胜利的一方面，还要有实力。拐杖不能取代强健有力的双脚，我们要靠自己的双脚站起来。如果你的脚不够强壮，不能支持你，你不是放弃和认输，而是应该努力去磨炼、强化、发展双脚，让它们发挥力量。

我想本森先生在天堂上也会同意我的观点的。

爱你的父亲

第十二封
侮辱是一种动力

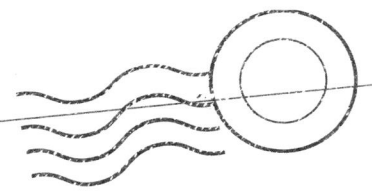

  永远不能让自己的个人偏见妨碍自己的成功。
  侮辱是测量能力的标尺。
  相信自己，并与自己和谐一致，你就是自己最忠实的伴侣。

1901年2月

洛克菲勒
写给儿子的 38 封信

亲爱的约翰：

　　你与摩根先生谈判时的表现，令我和你的母亲感到惊喜。我们没有想到你竟然有勇气同那个盛气凌人的华尔街最大的钱袋子对抗，而且，应对沉稳，言辞得体，不失教养，并彻底控制住了你的对手。感谢上帝，能让我们拥有你这样出色的孩子。

　　在信中你告诉我说，摩根先生待你粗鲁无礼，是有意想要侮辱你，我想你是对的。事实上，他是想报复我，让你代我受辱。

　　你知道，此次摩根提出要与我结盟，是担心我会对他构成威胁。我相信他并不情愿与我合作，因为他知道我和他是跑在两条路上的马车，彼此谁都不喜欢谁。我一见到他那副趾高气扬、傲慢无礼的样子就感到恶心。我想他一见到我肯定也有叫他不舒服的地方。

　　但摩根是位商界奇才，他知道我不把华尔街放在眼里，更不惧怕他对我的威胁。所以他要实现他的野心——统治美国钢铁行业，就必须与我合作。否则，等待他的就将是一场你死我活的竞争。

　　善于思考与善于行动的人，都知道必须祛除傲慢与偏见，都知道永远不能让自己的个人偏见妨碍自己的成功，摩根先生就是这样的人。所以，尽管摩根先生不想同我打交道，但他还是问我，是否可以在标准石油公司总裁办公室与

第十二封
侮辱是一种动力

他会面。

在谈判中能坚持到最后一刻的人一定会捞到好处,所以我告诉摩根:"我已经退休了,如果你愿意,我很乐意在我家中恭候你。"他果真来了,这对他而言显然是有些屈尊。但他做梦都不会想到,当他提出具体问题时我会说:"很抱歉,摩根先生,我退休了,我想我的儿子约翰会很高兴同你谈那笔交易。"

只有傻瓜才看不出来,我这是在公然轻蔑摩根,但他很克制,告诉我希望你能到他在华尔街的办公室去谈。我答应了。

对他人的报复,就是对自己的攻击。摩根先生似乎不懂得这个道理,结果为解心头怒火,反倒让你给控制住了。但不管怎么说,尽管摩根先生对我公然侮辱他耿耿于怀,但始终将眼睛盯在要达成的目标上,对此我颇为欣赏。

我的儿子,我们生长在追求尊严的社会,我知道对于一个热爱尊严的人来说,蒙受侮辱意味着什么。但在很多时候,不管你是谁,即使是美利坚合众国总统都无力阻止来自他人的侮辱。

那么,我们应该怎么办呢?是在盛怒中反击,捍卫尊严?还是宽容相待,大度化之?还是用其他方式来回应呢?

你或许还记得,我一直珍藏着一张我中学同学的多人合照。那里面没有我,有的只是出身富裕家庭的孩子。几十年过去了,我依然珍藏着它,更珍藏了拍摄那张照片的情景。

那是一天下午,天气不错,老师告诉我们说,有一位摄

洛克菲勒
写给儿子的 *38* 封信

影师跑来要拍学生上课时的情景照。我是照过相的，但很少，对一个穷苦家的孩子来说，照相是种奢侈。摄影师刚一出现，我便想象着要被摄入镜头的情景，多点微笑、多点自然，帅帅的，甚至开始想象如同报告喜讯一样回家告诉母亲："妈妈，我照相了！是摄影师拍的，棒极了！"

我用一双兴奋的眼睛注视着那位弯腰取景的摄影师，希望他早点把我拉进相机里。但我失望了。那个摄影师好像是个唯美主义者，他直起身，用手指着我，对我的老师说："你能让那位学生离开他的座位吗，他的穿戴实在是太寒酸了。"我是个弱小还要听命于老师的学生，我无力抗争。我只能默默地站起身，为那些穿戴整齐的富家子弟制造美景。

在那一瞬间我感觉我的脸在发热。但我没有动怒，也没有自哀自怜，更没有埋怨我的父母为什么不让我穿得体面些，事实上他们为我能受到良好教育已经竭尽全力了。看着在那位摄影师调动下的拍摄场面，我在心底攥紧了双拳，向自己郑重发誓：总有一天，你会成为世界上最富有的人！让摄影师给你照相算得了什么！让世界上最著名的画家给你画像才是你的骄傲！

我的儿子，我那时的誓言已经变成了现实！在我眼里，侮辱一词的词义已经转换，它不再是剥掉我尊严的利刃，而是一股强大的动力，如同排山倒海，催我奋进，催我去追求一切美好的东西。如果说那个摄影师把一个穷孩子激励成了世界上最富有的人，似乎并不过分。

每个人都有享受掌声与喝彩的时候，那或者是在肯定我

第十二封
侮辱是一种动力

们的成就,或者是在肯定我们的品质、人格与道德;也有遭受攻击和侮辱的时候。除去恶意,我想我们之所以会遭受侮辱,是因为我们的能力欠佳。这种能力可能与做人有关,也可能与做事有关,总之不构成他人的尊重。所以,我想说,蒙辱不是件坏事,如果你是一个知道冷静反思的人,或许就会认为侮辱是测量能力的标尺,我就是这样做的。

我知道任何轻微的侮辱都可能伤及尊严。但是,尊严不是天赐的,也不是别人给予的,是你自己缔造的。尊严是你自己享用的精神产品,每个人的尊严都属于他自己,你自己认为自己有尊严,你就有尊严。所以,如果有人伤害了你的感情、你的尊严,你要不为所动。你不死守你的尊严,就没有人能伤害你。

我的儿子,你与你自己的关系是所有关系的开始,当你相信自己,并与自己和谐一致,你就是自己最忠实的伴侣。也只有如此,你才能做到宠辱不惊。

爱你的父亲

第十三封
用实力让对手恐惧

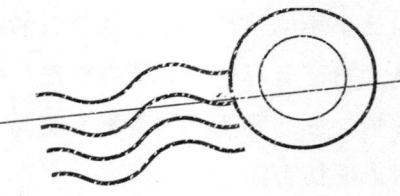

格言

越是认为自己行,你就会变得越高明。

在做生意时,你绝对不能想把钱赚得一干二净,要留一点给别人赚。

当涉及金钱的时候,绝对不要先提金额。

1901年2月

第十三封
用实力让对手恐惧

亲爱的约翰：

今晚我会晤了调解人亨利·弗里克先生，我告诉他："正像我的儿子告诉摩根先生的那样，我并不急于卖掉联合矿业公司。但又像你所猜测的一样，我从来不阻止建立任何有价值的企业。但是，我坚决反对买主居高临下，定下企图将我们排斥在外的价格，我宁可血战到底也不会做这样的生意。"我请弗里克先生转告摩根先生，他想错了。

约翰，看来你还得同摩根先生继续打交道，尽管你讨厌那个家伙。所以，我想给你一些建议，让那个不可一世的家伙知道什么是我行我素的恶果。

儿子，很多人都犯有同样一个错误，他们不知道自己到底是干什么的。其实，不论你从事哪一个行业，譬如经营石油、地产，做钢铁生意，还是做总裁、做雇员，都是在从事一个行业，那就是跟人打交道的行业。谈判更是如此，与你开战的不是那桩生意，而是人！

所以，真实了解自己、了解对手，是保证你在决胜中取得大胜的前提。你需要知道，准备是游戏心理的一部分，你必须知己知彼。如果你要拥有实质性的优势，你必须知道：

第一，整体环境：市场状况如何，景气状况如何。

第二，你的资源：你有哪些优势（优点）和弱势（弱点），你有哪些资本。

第三，对手的资源：对手的资产状况如何，他的优势、劣势在哪里。在任何竞争中，谋划大策略的重要因素之一，就是了解对手的优势。

第四，你的目标和态度：太阳神阿波罗的座右铭只有短短的一句话："人贵自知。"你要知道自己在干什么、有什么目标，实现目标的决心有多坚决，认为自己像个赢家还是怀疑自己，在精神与态度上有什么优点和缺点。

约翰，你要记住我的一句话：越是认为自己行，你就会变得越高明，积极的心态会创造成功。

第五，对手的目标和态度：要尽量判断对手的目标，同样重要的是，要设法深入对手的内心，了解他的想法。

毫无疑问，最后这一条——预测和了解对手——是最难实现的，但你要去力争实现。那些伟大的军事将领大多有一个习惯，他们总是尽力了解对手的性格和习惯，以此来判断对手可能做出的选择和行动方向。在所有的竞争活动中，能够了解对手和竞争者也总是很有功效，因为这样你就可以预测对手的动向。主动、预期性的措施几乎总比被动反应有效，且更有力量。俗话说的"预防胜于治疗"就是这个道理。

在有些时候，你的竞争对手可能是你熟知的人，那你就要多利用这个优势。如果你了解他是一个很谨慎的人，或许你自己最好也要小心一点；如果你觉得他总是很冲动，或许这是在暗示你，要大刀阔斧，否则你就可能被他逼上绝路。

但是，你不必与对手熟识，只要你能明察秋毫，在谈判桌上你可以发现很多有价值的东西。善于谈判的人应该

第十三封
用实力让对手恐惧

要能观察一切。你甚至不必等到开始走出第一步,才开始了解对手。

我们说的话可能会透露或掩饰自己的心意,但我们的选择几乎总是会泄露自己内心的秘密——想法,每个人所做的第一个选择,也是泄露真相的第一个动作。在谈判中你必须了解自己在说什么,如果你真的能掌控一切,就应该能够掌控自己所说的话,为自己带来好处。

同样的,你必须随时保持警惕,以便收到对手发出的信息。如果是这样,你就可以持续掌控明确的优势,做不到这一点,你就可能丧失另一个机会。你需要知道,在一场竞争激烈的谈判中失败,意味着下次赢得谈判的机会将会降低。

做交易的秘诀在于,你要知道不能交易什么和可以交易什么。摩根先生视我们为墙角里的残渣,要清扫出去,但我们必须留在地板上。这是不能谈判的。同时,他还必须给出一个好价钱。但你也要知道,在做生意时,你绝对不能想把钱赚得一干二净,要留一点给别人赚。

约翰,你知道,我们愿意做这笔交易,是因为我们认为这笔交易对我们有利,这是显而易见的。然而,你不要受制于这种明显而狭隘的观点。

有太多的"聪明人"认为谈判的目的不是要交易,而是要捡便宜,希望用最低的价格买到东西。这次摩根一方给出的价格比实际价值低过百万。如果他只想做这种交易,表示他会因此失掉这次他登上美国钢铁行业霸主地位的机会。交易的真谛是交换价值,用别人想要的东西来换取你想要的东西。

要完成一笔好交易，最好的方法是强调其价值。而很多人会犯强调价格而非价值的错误，常说什么："这的确很便宜，再也找不到这么低的价格了。"不错，没有谁愿意出高价，但在最低价之外，人们更希望得到最高的价值。

约翰，在你与摩根先生谈判中，当涉及金钱的时候，绝对不要先提金额，要提供他宝贵的价值，强调他从你这里能够买到什么。

我相信，人经过努力可以改变世界，达到新的、更美好的境界。祝你好运！

爱你的父亲

第十四封
要有合作精神

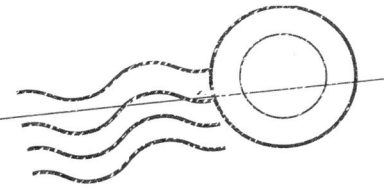

格言

建立在生意上的友谊远胜过建立在友谊上的生意。

要想让别人怎么待你,你就怎么待别人。

往上爬的时候要对别人好一点,因为你走下坡的时候会碰到他们。

1901年5月

洛克菲勒
写给儿子的 38 封信

亲爱的约翰：

你与摩根先生的手终于握到了一起，这是美国经济史上最伟大的一次握手，我相信后人一定会慷慨记住这一伟大时刻。因为正如《华尔街日报》所说，它标志着"一艘由华尔街大亨和石油大亨共同打造的超级战舰已经出航，它将势不可当，永不沉没"。

约翰，你知道这叫什么吗？这就是合作的力量。

合作，在那些妄自尊大的人眼里，它或许是件软弱或可耻的事情。但在我看来，合作永远是聪明的选择，前提是只要对我有利。现在，我很想让你知道这样的事实：

假如说不是上帝成就了我今天的伟业，我很愿意将其归功于三大力量的支持：第一支力量来自于按规则行事，它能让企业得以永续经营；第二支力量来自于残酷无情的竞争，它会让每次的竞争更趋于完美；第三支力量则来自于合作，它可以让我在合作中取得利益、捞得好处。

而我之所以能跑在竞争者的前面，就在于我擅长走捷径——与人合作。在我创造财富之旅的每一站，你都能看到合作的站牌。因为从我踏上社会那一天起我就知道，在任何时候、任何地方，只要存在竞争，谁都不可能孤军奋战，除非他想自寻死路。聪明的人会与他人包括竞争对手形成合作关系，假借他人之力使自己存在下去或强大起来。

当然，我可以做出一个很可能会成为现实的假设，如果

第十四封
要有合作精神

我们不与摩根先生牵手,我们双方就很可能会拼个两败俱伤,而我们的对手卡内基先生则会从中渔利,让他在钢铁行业始终一枝独秀的态势继续下去。但现在,卡内基先生一定要捶胸顿足了,想想看,谁会在对手蚕食自己领地的时候还能泰然自若呢?除非他是躺在坟墓里的死人。

合作可以压制对手或让对手出局,达到让自己向目标阔步迈进的目的。换句话说,合作并不见得是追求胜利。遗憾的是,只有为数不多的人才了解其中的奥妙。

但是,合作并不等同于友谊、爱情和婚姻,合作的目的不是去捞取情感,而是要捞到利益和好处。我们应该知道,成功有赖于他人的支持与合作。我们的理想与我们自己之间有一道鸿沟,要想跨越这道鸿沟,必须依靠别人的支持与合作。

当然,我永远不会拒绝与生意伙伴建立友谊,我相信建立在生意上的友谊远胜过建立在友谊上的生意。例如我与亨利·弗拉格勒先生的合作。亨利是我永远的知己,最好的助手;我与他结盟,他让我得到的不只是投资,更多的是智慧和心灵上的支持。亨利同我一样,从不自满且雄心勃勃,成为石油行业的主人是他的梦想。直到现在,我还记得我们开始合作时的情景。那时候除去吃饭和睡觉,我们几乎形影不离。我们一同上班、下班,一同思考,一同制订计划,相互激励、彼此坚定决心。那段时间,就如同欢度蜜月一样,永远是让我感到愉快的记忆。

如今,几十年过去了,我们依然亲如兄弟,这份情感给多少钱我都不卖。这也是我一直让你叫他亨利叔叔而不要叫他亨利先生的原因。

我从不尝试去买卖友谊,因为友谊不是能用金钱买来的。友谊的背后需要真情的支持。我与亨利之所以有不悔的合作和永远的友谊,不仅仅在于我们是追逐利益的共谋者,更重要的是,我们都是严于律己的人。我们都知道要想让别人怎么待你,你就怎么待别人而且从现在做起的价值。

"己所不欲,勿施于人",既是我的行为准则,又是我对合作所保有的明智态度。所以,我从不以财势欺凌处于弱势的对手,我情愿与他们促膝谈心,也不愿意摆出盛气凌人的姿态去压服他们。否则,我可以毁了我们之间的合作,让目标停止在中途。

当然,遇到傲慢无礼的人,我也有总忘不了要羞辱他一番的时候,例如我就曾教训过纽约中央铁路公司的老板范德比尔特先生。

范德比尔特出身贵族,在南北战争中立过战功,享有将军头衔。但他把战场上得到的荣誉当作了他生活中不可一世的资本,并自以为把持着运输大权,就可以把我们当成打短工的。

有一次,亨利找到他商谈运输的事情,可谁知道这个傲慢的家伙竟然说:"年轻人,你要与我谈?你的军阶似乎低了些!"亨利从未受到过这样的侮辱,但在那一刻良好的教养帮了他。他没有失态,但回到办公室,他那个漂亮的笔筒却遭了殃,被他摔了个粉身碎骨。

第十四封
要有合作精神

我赶快安慰他:"亨利,忘了那个疯子说了什么,我一定为你讨回尊严。"后来范德比尔特急着要与我们做生意,请我们到他那里去谈判,我派人告诉他:"可以,但你要到我们办公室来谈。"结果,这位习惯了别人巴结、讨好他的将军,只能屈尊来见比他小四十多岁的年轻人,同时还要屈从两个年轻人提出的条件。我想,在那一刻,范德比尔特将军一定明白了这样一个道理:往上爬的时候要对别人好一点,因为你走下坡的时候会碰到他们。

我厌恶以粗暴的态度对待人,更知道耐心、温和对待下属和同事的价值——有利于实现目标。我知道用钱可以买到人才,却不会买到人心,但如果在付钱的时候又送上一份尊重,我就会让他们为我忠心地服务。这就是我能建立起高效管理队伍的成功所在。

但我不希望因此产生错误的判断,认为合作就是做好人。不!合作不是做好人的问题,而是好处和利益的问题。没有任何结盟是永远持久的,合作只是一种获利战术。当环境发生变化的时候,战术将随之改变,否则,你就输了。现实很严厉,你必须更严厉,但是,显然也要当个好人。

约翰,生命的本质就是斗争和竞争,它们激动人心。但是,当它们发展为冲突时,就往往具有毁灭性和破坏性,而适时的合作则可以化解它们。

爱你的父亲

第十五封
不要让小人拖你的后腿

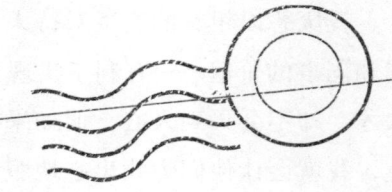

格言

你付不起贪小失大所累积的种种额外负担。

1902年5月

第十五封
不要让小人拖你的后腿

亲爱的约翰：

我想你已经觉察到了，你的某些思想和观念正在因为你的那些朋友而发生变化。我当然不反对你扩大社交圈，它可以增加你的生活情趣，拓展你的生活领域，甚至帮助你找到知己或帮助你实现人生理想的人。但有些人显然不值得你与他交往，比如，那些拘泥于卑微、琐碎的人。

我从年轻的时候就拒绝同两种人交往。

第一种是那些完全投降、安于现状的人。他们深信自己条件不足，认为创造成就只是幸运儿的专利，他们没有这个福气。这种人愿意守着一个很有保障却很平凡的职位，年复一年浑浑噩噩。他们也知道自己需要一份更有挑战性的工作，这样才能继续发展与成长，但因为有无数的阻力，使他们深信自己不适合做大事。

明智的人绝不会为命运坐下来哀号。但这种人只会哀叹命运不济，却从不欣赏自己，不把自己看作更有分量、更有价值的人。他们失去了使自己全力以赴的感觉和自我鼓励的功能，反而让消极占据了自己的内心。

第二种是不能将挑战进行到底的人。他们曾经非常向往成就大事，也曾替自己的工作大做准备，制订计划。但是十几年或几十年后，随着工作阻力的慢慢增加，为更上层楼需要艰苦努力的时候，他们就会觉得这样下去实在不值得，因而放弃努力，变得自暴自弃。

他们会自我解嘲:"我们比一般人赚得多,生活也比一般人要好,干吗不知足,还要冒险呢?"其实这种人已经有了恐惧感,他们害怕失败,害怕大家不认同,害怕发生意外,害怕失去已有的东西。他们并不满足,却已经投降。这种人有些很有才干,却因不敢重新冒险,最后平平淡淡地度过一生。

这两种人身上有着共同的极易感染他人的思想毒素,那就是消极。

我一直认为,一个人的个性与野心,目前的身份与地位,同与什么人交往有关。经常和消极的人来往,自己也会变得消极;和小人物交往过密,自己也会产生许多卑微的习惯。反过来说,经常受到大人物的熏陶,不知不觉间会提高自己的思想水准;经常接触那些雄心万丈的成功人士,也会使自己养成迈向成功所需要的野心与行动。

我喜欢和那些永远也不会屈服的人做朋友。有个聪明人说得好:我要挑战令人厌恶的逆境,因为智者告诉我,那是通往成功最明智的方向。只是这种人少之又少。

这种人绝不让悲观左右一切,绝不屈从任何阻力,更不相信自己只能浑浑噩噩虚度一生。他们活着的目的就是获得成就。这种人很乐观,因为他们一定要完成自己的心愿。这种人很容易成为各个领域的佼佼者。他们能真正地享受人生,也真正了解生命的可贵。他们盼望每一个新的日子,以及和别人新的接触,因为他们把这些看作丰富人生的历练,因此热情地接受。

第十五封
不要让小人拖你的后腿

我相信人人都希望自己的名字被列入其中，因为只有这些人才能成功，也只有这些人才真正做事，并且能得到他们期盼的结果。

不幸的是，消极的人随处可见，也使很多很多的人无法逃脱消极之墙的围困。

在我们周围的人并非完全相同，有些消极保守，有些积极进取。曾与我共事的人，有些人只是想混口饭吃，有些人则胸怀大志，野心勃勃，想要有更好的表现。他们也了解，在成为大人物前，必须先做个好的追随者。

要有所成就，就要避免落入各式各样的陷阱或圈套。在任何一个地方都有人自知不行，却硬要挡住你前进的路，阻止你更上一层楼。有许多人因为力争上游，而被人嘲笑甚至被恐吓。还有些人非常嫉妒，看到你努力上进、力求表现，会想尽办法来捉弄你，要你难堪。

我们不能阻止他人成为无聊的消极分子，却可以不被那些消极人士影响，降低自己的思想水准。你要让他们自然溜过，就像水鸭背上的水一样自然滑过。时时跟随思想积极前进的人，跟着他们一起成长、一起进步。

你确实能够做到这一点，只要你的思想正常，一定可以办到，而且你最好这样做。

有些消极的人心肠很好，另外还有一些消极的人自己不知上进，还想把别人也拖下水。他们自己没有什么作为，所以想使别人也一事无成。记住，约翰，说你办不到的人，都是无法成功的人，他个人的成就顶多普普通通而已。因此这种人的意见，对你有害无益。

你要多加防范那些说你办不到的人，只能把他们的警告看作证明你一定办得到的挑战。你还要特别防范消极的人破坏你迈向成功的计划，这种人随处可见，他们似乎专门破坏别人的进步与努力。千万要小心，要多多注意那些消极的人，千万不要让他们破坏你的成功计划。不要让那些思想消极、度量狭小的人妨碍你的进步。那些幸灾乐祸、喜欢嫉妒的人都想看你摔跤，不要给他们机会。

当你有任何困难时，最明智的做法是找第一流的人物来帮助你。如果向一个失败者请教，就和请求庸医治疗绝症一样可笑。你的前途很重要，千万不要从长舌妇那里征求意见，因为这种人一辈子都没有出息。

你要重视你的环境，就像食物供应身体一样，精神活动也会滋润你的心理健康。要使你的环境为你的工作服务，而不是拖累你。不要让那些阻力，亦即专门扯你后腿的人使你萎靡不振。让环境帮助你成功的方法是多接近积极成功的人，少同消极的人来往。

每一件事情都要做得尽善尽美。你付不起贪小失大所累积的种种额外负担。

爱你的父亲

第十六封
做目的主义者

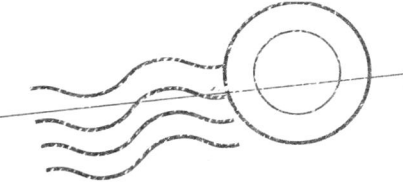

目的是我领导的依据,目的就是一切。
忠诚是甘心效命的开始。

1902年5月

洛克菲勒
写给儿子的 *38* 封信

亲爱的约翰：

你能走向标准石油的核心，是你的荣耀，也是我的荣耀。然而，你需要知道，当你享受这个荣耀的时候，你也要肩负起与之相伴的责任。否则，你就将有愧于这个荣耀，更会辜负众人对你的希望和信任。别忘了，你是标准石油公司的中坚，我们事业的最终成败，已与你息息相关，你应当以更高的标准来要求自己。

坦率地说，你要想在那个位置上干得出色，让大家认可你、敬佩你，你需要学习的东西还很多。现在，你需要思考一个问题：你自己是否能够成功把握这个角色。

每一位领导都是一位希望大使，是带领部属跨过眼前无法避免的荆棘道路上的向导。但不被辜负却很难。作为领导者，无论是谁，都会面临诸多难题。譬如，堆积如山的工作，排山倒海般滚滚而来的资讯，突然发生的变故，最高管理层、投资人和客户无止境的要求，难以调教的雇员，始终在变动的挑战，可能让你疲于奔命，感到挫折、恐惧、焦虑和不知所措，甚至破灭你要取得商业成就与个人成就的梦想。

但是，有时成为一个充满信心与活力的卓越领导者，比成为一个活力尽失、在挣扎无助中度日的领导者更容易，前提是他需要知道如何让部属甘心卖命。注意，是甘心，而不是被迫。

作为标准石油公司的领袖，我既享有权威，又享有愉

第十六封
做目的主义者

悦。因为我知道，找到可以保证完成任务的人，就等于为我创造了时间。换句话说，这不仅会让我精力充沛，更重要的是，它会让我有更多的时间去思考怎样为公司赚更多的钱。

这里有一个态度问题。行动受态度驱使，我们选择什么样的态度，决定了我们要采取什么样的行动。至于结果，很快就能见分晓。人可以经由改变自己的态度来改变自己的人生，如果你相信能够改变态度，你就能够改变。

聪明人总会选择对自己最有利的态度。懂得领导艺术的人总会自问：怎样的态度才能帮自己达到真正想要的结果。是鼓舞激励的态度，还是抱持同情的态度。他们永远不会选择冷淡或敌意的态度。

如果你视自己为高高在上、一言九鼎的专制君主，你很可能会成为下一个法王路易十六。就我而言，我从不专横跋扈、制造冲突，或者给予自身过大压力，反倒有给予部属信任、鼓舞士气、达成我所期望的商业成就的习惯，这个习惯会帮助我实现活用部属的目的。要做到这一点，方法很简单，那就是要知道如何运用设定目的的力量。

我是一个目的主义者，我从不像有些人那样夸大目标的作用，却异常重视目的的功能。在我看来，目的是驱动我们潜能的关键，是主导一切的力量，它可以影响我们的行为，激励我们制造达成目的的手段。明确、果断的目的，更会让我们专注于所选择的方向，并尽力达成目标。

我的经验告诉我，一个人所能达成的任务，以及他最终的表现,与目的的本质与力量息息相关,而与他为了目标所做的事情几乎无关。想想看,没有一杆就能完成的高尔夫比赛,你需要一个洞一个洞地打过去,你每打出一杆的目的就是离球洞越近越好,直到把它打进。

目的是我领导的依据,目的就是一切。我习惯在做任何事情之前先确立目的,而且我每天都要设定目的,无数的目的。譬如与合伙人谈话的目的、召开会议的目的、制订计划的目的,等等。我在做事之前也会先检视自己设定的目的。通常在我到达公司时,我已经成功做好了万全的准备。所以,在我心里从未出现过诸如"我没有办法""我不管了""没有希望了"等具有吞噬性的声音。每一天确立的目的,已经抵消了这些失败的力量。

如果你无法主动确立自己的目的,你就会被动或不自觉地选择其他目的,结果很可能让你失去掌控全局的能力,同时你也将受制于使你分心或搅乱你的人或事件。

这就像将一艘游艇自码头松开绳索,却忘记了启动马达一样。你将随波逐流,海风、水流或其他船只随时都会让你葬身海底。也许对岸有好事等着你,但是除非出现奇迹,否则你将无法顺利到达对岸。确立目的就如同开启游艇的引擎,能驱动你朝向所选择的道路前进。目的可以为人类的努力增添方向与力量。

但是,确立目的只是走到了成为目的主义者的中途,你还要走另一半路程,你需要毫无保留地向你的部属陈述你的目的——你个人的企图、动机与内心的战略计划。对于每

第十六封
做目的主义者

一位需要了解我所要达成目的的人,我会向他们说明我的目的。在每次会谈、会议、报告中或事情开始阶段,我都会预先表达出我的动机、想法以及期望。

这样做的好处会让你感到惊讶。它不仅能使部属清楚你的目的,知晓前进的正确方向,最重要的是,当你勇于将目的开诚布公之后,你将收获情感上的忠诚。要知道忠诚是甘心效命的开始。

杰出的领导者都善于动用两种无形的力量:信任和尊重。当你诚实地说出你的目的时,也传递出这样的信息:"因为我对你足够信任,所以我愿意向你表白。"它将开启让人信任你的大门,而在大门外,你拥抱的不仅是部属的能力,还有他们无价的忠诚——要凝聚力量来帮助你的忠诚。信赖别人并使别人也信赖我,是我一生取得成就的重要原因。

公开你的目的,更能避免无益的推论。如果你不告诉部属你的目的,他们就会花时间猜想臆测你的目的,根据所能搜集到的蛛丝马迹进行推测,而这些信息都很容易受到扭曲。只有不需要解读你的动机时,部属的士气与能力才有机会获得提升。所以,把部属当成"傻瓜"似乎更有利。

表明目的的力量是无可取代的,它所传达出的不仅仅是一项声明,同时也是领导者对于个人行为勇敢坚决的誓言。出自坚决意志与绝对韧性的目的,往往能够激励、鼓舞部属,使他们在工作中能有更杰出的表现。

领导者的天职是发现问题,而解决问题要依靠部属。如何把部属调动起来,完成他们的职责是领导者第一考虑的要事。我认为，亮出你的目的，热情地对待每个人，就能实现你所要的。

目的如同钻石：如果要它有价值，它必须是真实的。不诚恳地表白目的只会坏事。如果一个人滥用目的的力量，他只会破坏彼此间的信任，并失去别人的信赖。这就是表达目的的风险。

约翰，到达地狱的路是由善意铺成的。除非你已做好万全的准备，否则这句话很可能成真。

爱你的父亲

第十七封
忍耐就是策略

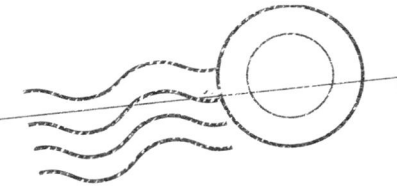

　　能忍人所不能忍之忤,才能为人所不能为之事。

　　任何时候冲动都是我们最大的敌人。

　　如果你真的想成功,你一定要掌握并保护自己的机会,更要设法抢夺别人的机会。

1902年

洛克菲勒
写给儿子的 38 封信

亲爱的约翰：

非常感谢你对我的信任，告诉我你退出花旗银行董事会的事情。我当然理解你为什么这样做，你已经无法继续忍受同仁们的某些做法，更不想继续屈从于他们。

但是，你的决定是否明智，似乎还有待于时间来证实。理由很简单，如果你不主动放弃花旗银行董事的职位，而是选择留在那里，或许你会得到更多。

我知道，屈从是思想的大敌，也是自由的狱吏。然而，对于一个胸怀大志的人而言，保持必要的屈从与忍耐，恰恰是一条屡试不爽的成功策略。追溯过往，我曾经忍耐过许多，也因为忍耐得到过许多。

我在创业之初，由于缺乏资金，我的合伙人克拉克先生邀请他昔日的同事加德纳先生入伙，对此我举双手赞成。因为有了这位富人的加入，意味着我们可以做我们想做、有能力做、只要有足够资金就能做成的事情。

然而，出乎我意料的是，克拉克带来一个钱包的同时，却送给了我一份屈辱。他们要把克拉克—洛克菲勒公司更名为克拉克—加德纳公司，而他们将洛克菲勒的姓氏从公司名称中抹去的理由是加德纳出身名门，他的姓氏能吸引更多的客户。

这是一个大大刺伤我尊严的理由！我愤怒啊！我同样是合伙人，加德纳带来的只是他那一份资金而已，难道他出

第十七封
忍耐就是策略

身贵族就可以剥夺我应得的名分吗？但是，我忍下了，我告诉自己：你要控制住你自己，你要保持心态平和，这只是开始，路还长着呢！

我故作镇静，装作若无其事的样子告诉克拉克："这没什么。"事实上，这完全是谎言。想想看，一个遭受不公平、自尊心正受到伤害的人，怎么能有如此的宽容大度！但是，我用理性浇灭了我心头燃烧着的熊熊怒火，因为我知道这会给我带来好处。

忍耐不是盲目的容忍，你需要冷静地考量情势，要知道你的决定是否会偏离或加害你的目标。对克拉克大发雷霆不仅有失体面，更重要的是它会给我们的合作制造裂痕，甚至招致一脚把我踢出去、让我从头再来的恶果。而团结则可以形成合力，让我们的事业越做越大，我的个人力量和利益也必将随之壮大。

我知道自己要到哪里去。在这之后我继续一如既往、不知疲倦地热情工作。到了第三个年头，我就成功地把那位极尽奢侈的加德纳先生请出了公司，让克拉克—洛克菲勒公司的牌子重新竖立起来！那时人们开始尊称我为"洛克菲勒先生"，我已经成了富人。

在我眼里，忍耐并非忍气吞声，也绝非卑躬屈膝。忍耐是一种策略，同时也是一种性格磨炼，它所孕育出的是好胜之心。这是我与克拉克先生合作期间得出的心得。

我崇尚平等，厌恶居高临下发号施令。然而，克拉克先生却总在我面前摆出趾高气扬的架势，这令我非常反感。

洛克菲勒
写给儿子的 *38* 封信

他似乎从不把我放在眼里,把我视为目光短浅的小职员,甚至当面贬低我除了记账和管钱之外一无所能,没有他我更是一文不值。这是公然的挑衅,我却装作充耳不闻,我知道自己尊重自己比什么都重要。但是,我在心里已经同他开战,我一遍一遍地叮嘱自己:超过他,你的强大是对他最好的羞辱,是打在他脸上最响的耳光。

结果正像你所知道的那样,克拉克—洛克菲勒公司永远成了历史,取代它的是洛克菲勒—安德鲁斯公司,我就此搭上了成为亿万富翁的特快列车。能忍人所不能忍之忤,才能为人所不能为之事。

在任何时候,冲动都是我们最大的敌人。如果忍耐能化解不该发生的冲突,这样的忍耐永远是值得的;但是,如果顽固地一意孤行,非但不能化解危机,还会带来更大的灾难。安德鲁斯先生似乎并不明白这个道理。

安德鲁斯先生是一个没有商业头脑且自以为是的人,他缺乏成为伟大商人的雄心,却有着邪恶的偏见。这种人与我发生冲突毫不奇怪。

导致我们最终分道扬镳的那场冲突,缘于公司发放股东的红利。那一年我们干得不错,赚了很多钱,可是我不想把公司赚到的钱全都让股东们拿回家,我希望能将其中的一半收益再投入到公司的经营中去。但安德鲁斯坚决反对,这个自私自利的家伙想把赚来的钱全分了,甚至怒气冲冲地威胁我说,他不想在公司继续干下去了。我不能忍受任何阻止公司强大的想法,只能向他摊牌,请他为他持有的股票开价。他说一百万，我说没问题，第二天我就用一百万买下了。

钱一到手，安德鲁斯兴奋极了，他自认为自己交了好运，认为他手里持有的股票根本不值一百万。但他没有想到，我很快一转手就赚了三十万。这件事传到他那里，他竟然骂我手段卑鄙。我不想因为区区三十万就落得个卑鄙的名声，就派人告诉他可以按原价收回。但懊恼中的安德鲁斯拒绝了我的好意。事实上他拒绝的是一次成为全美巨富的机会，如果他能把他价值一百万的股票保留到今天，就会成为真正的千万富翁。但为了赌一时之气，他丧失了终生再也抓不住的机会。

约翰，在这个世界上要我们忍耐的人和事太多太多，而引诱我们感情用事的人和事也太多太多。所以，你要修炼自己管理情绪和控制感情的能力，要注意在做决策时不要受感情左右，而是完全根据需要来做决定，要永远知道自己想要什么。你还需要知道，在机会的世界里，没有太多的机会可以争取，如果你真的想成功，你一定要掌握并保护自己的机会，更要设法抢夺别人的机会。

记住，要天天把忍耐带在身上，它会给你带来快乐、机会和成功。

爱你的父亲

第十八封

信念是金

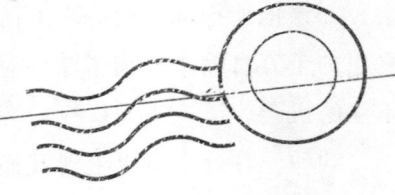

我相信信心是成功之父。

信心的大小决定了成就的大小。

1903年6月

第十八封
信念是金

亲爱的约翰：

你说得很对，雄才大略的智慧可以创造奇迹。然而，现实里创造奇迹的人总是寥若晨星，而泛泛之流却在辈出。

耐人寻味的是，人人都想大有所为。每一个人都想获得一些最美好的东西。每一个人都不喜欢巴结别人，即使过着平庸的日子，也没有人喜欢觉得自己是二流人物，或觉得自己是被迫进入这种境况的。

难道我们没有雄才大略吗？不！最实用的成功智慧早已写在《圣经》之中，那就是"坚定不移的信心足可移山"。可为什么还有那么多失败者呢？我想那是因为真正相信自己能够移山的人不多，结果，真正做到的人也不多。

绝大多数的人都将那句圣言视为荒谬的想法，认为那是根本不可能的。我认为这些不会得救的人犯了一个常识性的错误，他们错把信心当成了"希望"。不错，我们无法用"希望"移动一座高山，无法靠"希望"取得胜利或平步青云，也不能靠希望拥有财富和地位。

但是，信心的力量却能帮助我们移动一座山，换句话说，只要相信我们就能够成功。你也许认为我将信心的威力神奇或神秘化了。不！信心产生相信"我确实能做到"的态度，相信"我确实能做到"的态度能产生创造成功所必备的能力、技巧与精力。每当你相信"我能做到"时，自然就会想出"如何解决"的方法，成功就诞生在成功解决问题之中。这就是信心发威的过程。

每一个人都"希望"有一天登上最高阶层,享受随之而来的成功果实。但是他们绝大多数偏偏都不具备必需的信心与决心,他们也便无法到达顶点。因为他们相信达不到,找不到登上巅峰的途径,他们的作为也就一直停留在一般人的水准。

但是,有少部分人真的相信他们总有一天会成功。他们抱着"我就要登上巅峰"的心态进行各项工作,并且凭着坚定的信心而达到目标。我认为我就是他们其中的一员。当我还是一个穷小子的时候,我就自信我一定会成为天下最富有的人。强烈的自信激励我想出各种可行的计划、方法、手段和技巧,一步步攀上了石油王国的顶峰。

我从不相信"失败是成功之母",我相信"信心是成功之父"。胜利是一种习惯,失败也是一种习惯。如果想成功,就得取得持续性的胜利。我不喜欢取得一次性的胜利,我要的是持续性胜利,只有这样我才能成为强者。信心激发了我成功的动力。

相信会有伟大的结果,是所有伟大的事业、书籍、剧本以及科学新知背后的动力。相信会成功,是已经成功的人所拥有的一项基本而绝对必备的要素。但失败者慷慨地丢掉了这些。

我曾经与许多在生意场中失败过的人谈话,听过无数失败的理由与借口。这些失败者在说话的时候,时常会在无意中说:"老实说,我并不认为它会行得通。""我在开始进行

第十八封
信念是金

之前就感到了不安。""事实上,我对这件事情的失败并不会太惊奇。"

采取"我暂且试试看,但我想还是不会有什么结果"的态度,最后一定会招致失败。"不信"是消极的力量。当你心中不以为然或产生怀疑时,你就会想出各种理由来支持你的"不信"。怀疑、不信、潜意识要失败的倾向,以及不是很想成功,都是失败的主因。心中存疑,就会失败。相信会胜利,就必定成功。

信心的大小决定了成就的大小。庸庸碌碌、过一天算一天的人,自信做不了什么事,所以他们仅能得到很少的报酬。他们相信不能做出伟大的事情,他们就真的不能。他们认为自己很不重要,他们所做的每一件事都显得无足轻重。久而久之,连他们的言行举止也会表现得缺乏自信。如果他们不能将自信抬高,就会在自我评估中畏缩,变得愈来愈渺小。而且他们怎么看待自己,也会使别人怎么看待他们,于是这种人在众人的眼光下又会变得更加渺小。

那些积极向前的人,肯定自己有更大的价值,他就能得到很高的报酬。他相信他能处理艰巨的任务,真的就能做到。他所做的每一件事情,他的待人接物,他的个性、想法和见解,都显示出他是专家,他是一位不可或缺的重要人物。

照亮我的道路,不断给我勇气,让我愉快正视生活理想的,就是信心。在任何时候,我都不忘增强信心。我用成功的信念取代失败的念头。当我面临困境时,想到的是"我会赢",而不是"我可能会输"。当我与他人竞争时,我想到的是

"我和他们一样好",而不是"我无法和他们相比"。机会出现时,我想到的是"我能做到",而不是"我不能做到"。

每个人迈向成功的第一个步骤,也是不能漏掉的基本步骤,就是要相信自己一定能够成功。要让关键性的想法"我会成功"支配我们的各种思考过程。成功的信念会激发自信的心智创造出获得成功的计划。失败的意念正好相反,使我们去想一些会导致失败的念头。

我定期提醒自己:你比你想象的还要好。成功的人并不是超人。成功不需要超人的智力,不是靠运气,也没有什么神秘之处。成功的人只是相信自己、肯定自己所作所为的平凡人。永远不要、绝对不要廉价出售自己。

每个人都是他思想的产物,想的是小的目标,就可预期成果也是微小的。想到伟大的目标就会赢得重大的成功。而伟大的创意与大计划通常比小的创意与计划要来得容易,至少不会更困难。

那些能够在商业、传教、写作、演戏,以及其他成就的追求上达到最高峰的人,都是因为能够踏实、有恒心地奉行一个自我发展与成长的计划。这项训练计划会为他们带来一系列的报酬:获得家人更尊敬的报酬,获得朋友与同事赞美的报酬,能觉得自己很有用的报酬,成为重要人物的报酬,收入增加、生活水准提高的报酬。

成功——成就——就是生命的最终目标,需要我们用积极的思考去呵护。当然,在任何时候我想都不能让信念出问题。

第十九封
真诚地相信自己就有办法

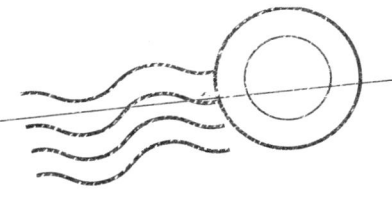

格言

　　做任何事都不可能只找到一种最好的方法。

　　要找出完美想法的最佳途径，就是拥有许多想法。

　　最大的成功都是留给那些有"我能把事情做得更好"的态度的人。

1903年

洛克菲勒
写给儿子的 38 封信

亲爱的约翰：

我不赞同你让罗杰斯担当重任、独当一面。事实上，我曾为此做过努力，但结果颇令我失望。我的用人原则是，被委以重任者是能找出把事情做得更好的方法的人。但罗杰斯显然不够格，因为他是个思考懒惰的人。

在我有心启用罗杰斯之前，我为考察他，用了一个问题。我说："罗杰斯先生，你认为政府怎么做才能在三十年内废除所有的监狱？"他听了显得很困惑，怀疑自己听错了，一阵沉默过后，他便开始反驳我："尊敬的洛克菲勒先生，您的意思是要把那些杀人犯、强盗以及强奸犯全部释放吗？您知道这样做会有什么后果吗？如果真是那样，我们就别想得到安宁了。不管怎样，一定要有监狱。"

我希望把罗杰斯那颗铁板一块的脑袋砸开一道缝，我提醒他："罗杰斯，你只说了不能废除的理由。现在，你来试着相信可以废除监狱。假设可以废除，我们该如何着手？"

"这太强人所难了，洛克菲勒先生，我无法相信，我也很难找出废除它的方法。"这就是罗杰斯的办法——没有办法。

我想象不出，当给予他重任，当机会或危难来临的时候，他是否会动用他所有的才智去积极应对。我不信任罗杰斯，他只会将希望变成没有希望。

找出把事情做得更好的方法，是将任何事情做成的保

第十九封
真诚地相信自己就有办法

证。这不需要有超人的智慧,重要的是要相信能把事情做成,要有这种信念。当我们相信某一件事不可能做到的时候,我们的大脑就会为我们找出各种做不到的理由。但是,当我们相信——真正地相信,某一件事确实可以做到,我们的大脑就会帮我们找出各种方法。

相信某一件事可以做成,就会为我们提供创造性的解决之道,将我们各种创造性的能力发挥出来。相反,不相信事情能够做成功,就等于关闭了我们创造性解决问题之道的心智,不但会阻碍发挥创造性的能力,同时还将破灭我们的理想。所谓"有志者事竟成"是创造成就的根本,不过如此。

我厌恶我的部属说"不可能"。"不可能"是失败的用语,一旦一个人被"那是不可能的"想法所支配,他就会生出一连串的想法证明他想得没错。罗杰斯就犯了这种错误,他是个传统的思考者,他的心灵是麻木的,他的理由是,这已经实行了一百年,因此一定是个好办法,必须维持原状,又何必冒险去改变呢?而事实上往往只要用心去想办得到的原因,就可以达成。"普通人"总是憎恶进步。

我相信,做任何事都不可能只找到一种最好的方法,最好的方法正如创造性的心灵那样多。没有任何事物是在冰雪中生长的,如果我们让传统的想法冻结我们的心灵,新的创意就无法滋长。

传统的想法是创造性的计划的头号敌人。传统性的想法会冰冻我们的心灵,阻碍我们发展真正需要的创造性能力。罗杰斯就犯了这样的错误,他应该乐于接受各种创意,要丢弃"不可行""办不到""没有用""那很愚蠢"等思想的渣滓；他也要有实验精神，勇于尝试新的东西，这样就将扩展他的能力，为他担负更大的责任做准备。同时，他也要主动前进，不要想：这通常是我做这件事的方式，所以在这里我也要用这种方法，而要想：有什么方法能比我们惯用的方法做得更好呢？

各种计划都不可能达到绝对的完美，这意味着一切事物的改良可以无止境地进行。我深知这一点，所以我经常会再寻找一些更好的方法。我不会问自己：我能不能做得更好。我知道我一定办得到，所以我会问：我要怎样才能做得更好。

要找出完美想法的最佳途径，就是拥有许多想法。我会不断地为自己和别人设定较高的标准，不断寻求增进效率的各种方法，以较低的成本获得较多的报酬，以较少的精力做更多的事情。因为我知道，最大的成功都是留给那些有"我能把事情做得更好"的态度的人。

发展"我能做得更好"的态度，需要培养，要每天想：我今天要怎样把工作做得更好，今天我该如何激励员工，我还能为公司提供哪些特殊的服务，我该如何使工作更有效率。这项练习很简单，但很管用。你可以试试看，我相信你会找到无数创造性的方法来赢得更大的成功。

我们的心态决定我们的能力。我们认为我们能做多少，我们就真的能做多少。如果我们真的相信自己能做得更多，我们就能创造性地思考出各种方法。

第十九封
真诚地相信自己就有办法

拒绝新的挑战都是非常愚蠢的。我们要集中心思于怎样才可以做得更多。如此,许多富有创造性的答案都会不期而至。例如,改善目前工作的计划,或者处理例行工作的捷径,或者删除无关紧要的琐事。换句话说,那些能使我们做得更多的方法多半都出现在这个时候。

约翰,你可以和罗杰斯谈谈,我希望他能有所改变,到那时他也许就有好日子过了。

爱你的父亲

第二十封
永远做策略性思考

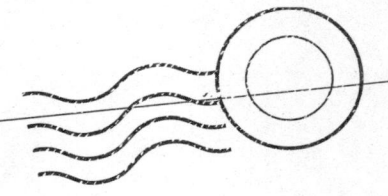

 要找出完美想法的最佳途径,就得拥有许多想法。
单纯操弄手段的计划者只配给策略者提鞋。
我们要勇于在别无选择中,毅然杀出一条生路。

1904年10月

第二十封
永远做策略性思考

亲爱的约翰：

汉密尔顿医生又发福了,看来高尔夫运动无法抑制他的腰围向外扩张,他只能借助其他运动方式来减少脂肪了。不幸的是,能防止他增重的运动还没被发明,他很痛苦。不过,他倒总能为我们带来快乐,用他脑子里各种稀奇古怪的故事。

今天,汉密尔顿医生用一个渔夫与垂钓者的故事,又娱乐了我们。或许是看到我们各个捧腹大笑,医生显得很得意,他笑着问我:"洛克菲勒先生,您是想做渔夫呢,还是想做垂钓者?"

我告诉他,如果我做了垂钓者,或许我就没有资格同诸位打高尔夫了。因为我靠有效的行为策略来创造商业利益,而垂钓者的行为方式不能保证我成功。

当然,没有一个垂钓者会愚蠢到只知丢下鱼饵而不事先思考、计划、决定:要钓哪种鱼,用什么样的饵料,需要将鱼线抛到哪里,而后才坐等大鱼上钩。就形式而言,他们没做错什么,但结果是否如愿却没人知道。

也许花上一段时间他们会钓到鱼,也许他们一条鱼都钓不到,而那条他们理想中的鱼,也许永远不会上钩。因为他们太执着于自己的方式,尽管他们很清楚自己的目标,但他们的方式却限制了成功的可能——除了那条鱼线所及之处,他们捕鱼的范围等于零。但是,如果能像渔夫那样,张网捕鱼,就将扩大捕鱼范围,而丰富的鱼量会让他们有许多的选择机会,并最终捕获到他们想要的鱼。

我告诉汉密尔顿先生和我的球友们,我不是刻板固执、按部就班、以简单方式来解决问题的垂钓者,我是能够创造多种选择直至挑选出最能创造商业利益的鱼的渔夫。他们都笑了,说我泄露了赚钱的秘密。

约翰,不论你做什么,要找出完美想法的最佳途径,就得拥有许多想法。在做出最完美的决定之前,我会致力于寻找具有创意与功效的各种可能性选择,考量多种可能性方案,并积极尝试各种选择,然后才将重点放在最好的选择上。

这就是我总能捕到我想要的大鱼的原因。当然,在执行计划的过程中,我也会保持开放策略,顺应时势,不断地进行调整或修正我的计划;所以,即使计划进展并不顺利,我也不会惊慌失措,总能沉着应对。

很多人都认为我有着非凡的能力,是一位充满效率与行动能力的领导者。如果真是这样,我想你也可以获得这样的赞誉,只是你需要克制寻找简单、单向解决方案的冲动,乐于尝试能达成目标的各种可能性办法,拥有在困难面前付诸行动的耐心、勇气和胆略,以及不达目的决不收手的执着精神。

单纯操弄手段的计划者只配给策略者提鞋。作为总裁,我只为部属设立清楚明确的方向或策略,但不会将自我局限于过分僵化的行动计划中。相反,我会持续探索能够实现策

第二十封
永远做策略性思考

略的各种可能性。

许多人都坚持认为，成功的关键在于扎实的策略计划，而这项计划必须由具体、可衡量、可达成以及实际的行动目标作为后盾。我承认这样做很重要，但它有致命的缺陷。计划强调的是判断的标准与预设的成果，人们所采纳的也是认为可达成目标的固定方法。由于这些方案依据的是预期能达成目标的已知方法，因此我们在开始行动之前，其实已经局限了范围。

尽管在我们提笔拟定计划之际，该计划看起来似乎天衣无缝，但是局势在计划定稿之前可能已经转变了。也就是说，不仅市场的状况早已改变，客户改变，就连所能支持计划的资源也已改变。这也难怪这些成本高昂，又耗时费力的策略，仅有极少的部分能真正被执行。

要如何适应这种状况呢？不论我们是为公司或是单一部门拟定计划，我们都必须确认自己所拟定的是策略，而非手段。策略的本质是弹性的、长远的、多面向的、大格局的。它们强调的是如何成长或扩大利润这类的成果，而不是某个可衡量的目标。同时策略所提供的是一个大方向，而非达到成功的唯一方式。

要成为杰出的领导者，我们必须让自己成为一位策略性的思考者，而不仅仅是手段的设计者。我们还得避免将自己局限于既定的文件流程中，我们的座右铭将是专注，但是具有弹性空间。我们着重于探索的过程，在每一天的分分秒秒中，我们都能开创有助于达成长远目标的可能方向。

我们不会固守三种、五种方式来达成远程目标，而是在每时每刻都能发掘获取利润的机会——不论是在与对手交谈，或与部属进行脑力激荡的会议。

为了远离危机风暴，我们必须不断地拟定新的策略，同时调整旧有的计划。在适应每天商业环境改变的同时，我们也必须依据情势的变化来修正长远的进程。这样在短期内我们不但能维持弹性的作风，同时从长期来看，我们对一个能符合最新经济环境的弹性理想目标也有了清楚的概念。我们可将陈腐的策略计划束之高阁，并且精力充沛、满怀希望地在朝气蓬勃的环境中步调一致地向前迈进。

要做一名希望主义者，无论情况看起来或是实际上有多糟糕，请擦亮眼睛找出其中蕴含的无限希望——永远不要放弃寻找，因为希望永远存在。

我相信所有的领导者都负有提供希望的义务，而且不但要替自己，同时也要为雇员指引出一条康庄大道。回想一下生命中你感到最没有希望的那段时日，那很可能是因为你觉得自己已经走投无路，或者相信自己没有任何其他选择，你被困住、被放弃、找不到出路。

克服绝望的方式只有一种，那就是持续创造出各种可能性以跨越障碍。简单地说，希望源自相信有其他选择的存在。

杰出的领导者具备能够应付特定商业状况的预案、创造新市场的机动计划、应对危机的锦囊妙计，以及为自己与员工发展事业的蓝图。当局势似乎跌到谷底而无可挽回时，他们就像骁勇善战的摔跤手一样，即使被对手压制在地难以脱身，他们也永远不会放弃能够翻身的任何机会。

　　凭借着他们的才能、灵活的身段，以及随机应变的智慧，他们巧妙地找到空隙并逃脱险境。他们在别无选择的劣势下，硬是杀出一条生路。

　　如果能在一开始就勇于发挥创意，就能够避免无止境的疲于奔命、挫折与痛苦。

　　事情看来已到了绝望的地步时，如果我们依然抱持着无穷的希望，我们就能超越自己所设定的界限，且能提供给部属新的选择。所以，我们要勇于在别无选择中，毅然杀出一条生路。

爱你的父亲

第二十一封
不要找借口

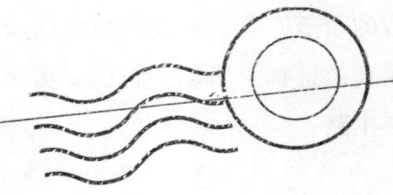

格言

　　一个人越是成功，越不会找借口。
　　借口是制造失败的病源。
　　百分之九十九的失败都是因为人们惯于找寻借口。

1906年4月

第二十一封
不要找借口

亲爱的约翰：

斯科菲尔德船长又输了，他输得有些气急败坏，一怒之下把他那根漂亮的高尔夫球杆扔上了天，结果他只得再买一个新球杆了。

坦率地说，我比较喜欢船长的性格，人生奋斗的目标就是求胜，打球也是一样。所以，我准备买个新球杆送给他，但愿这不会被他认为是对他发脾气的奖赏，否则他一发不可收拾，我可就惨了。

斯科菲尔德船长还有一个令人称道的优点，尽管输球会令他不高兴，但他认为赢本身并不代表一切，而努力去赢的做法才是最重要的。所以在输球之后，他从不找借口。事实上，他可以以年龄太大、体力欠佳来解释他输球的理由，为自己讨回颜面，但他从来不这样做。

在我看来，借口是一种思想病，而染有这种严重病症的人，无一例外都是失败者，当然一般人也有一些轻微的症状。但是，一个人越是成功，越不会找借口，处处亨通的人，与那些没有什么作为的人之间最大的差异，就在于借口。

只要稍加留意你就会发现，那些没有任何作为，也不曾计划要有作为的人，经常会有一箩筐的理由来解释：为什么他没有做到，为什么他不做，为什么他不能做，为什么他不是那样的。失败者为自己料理"后事"的第一个举动，就是为自己的失败找出各种理由。

　　我鄙视那些善于找借口的人,因为那是懦弱者的行为;我也同情那些善于找借口的人,因为借口是制造失败的病源。

　　一旦一个失败者找出一种"好"的借口,他就会抓住不放,然后总是拿这个借口对他自己和他人解释:为什么他无法再做下去,为什么他无法成功。起初,他还能自知他的借口多少是在撒谎,但是在不断重复使用后,他就会越来越相信那完全是真的,相信这个借口就是他无法成功的真正原因,结果他的大脑就开始怠惰、僵化,让努力想方设法要赢的动力化为零。但他们从不愿意承认自己是个爱找借口的人。

　　偶尔,我见过有人站起来说"我是靠自己的努力而成功的"。到目前为止,我还从未见过任何男人或女人,敢于站起来说"我是使自己失败的人"。失败者都有一套失败者的借口,他们将失败归咎于家庭、性格、年龄、环境、时间、肤色、宗教信仰、某个人乃至星象,而最坏的借口莫过于健康、才智以及运气。

　　最常见的借口,就是健康的借口,一句"我的身体不好"或"我有这样那样的病痛",就成了不去做或失败的理由。事实上,没有一个人是完全健康的,每个人多少都会有生理上的毛病。

　　很多人会完全或部分屈服于这种借口,但是一心要成功的人则不然。盖茨先生曾为我引荐过一位大学教授,他在一次旅行中不幸失去了一条手臂,但就像我所认识的每一个乐

第二十一封
不要找借口

观者一样,他还是经常微笑,经常帮助别人。那天在谈及他的残障问题时,他告诉我:"那只是一条手臂而已。当然,两个总比一个好。但是切除的只是我的手臂,我的心灵还是百分之百的完整且正常。我实在是要为此感谢。"

有一句老话说得好:"我一直在为自己的破鞋子懊恼,直到我遇见一位没有脚的人。"庆幸自己的健康比抱怨哪里不舒服要好得多。为自己拥有的健康感谢,能有效地预防各种病痛与疾病。我经常提醒自己:累坏自己总比放着朽坏要好。生命是要我们来享受的,如果浪费光阴去担忧自己的健康而真的想出病来,那才是真正的不幸。

"我不够聪明"的借口也很常见,几乎有百分之九十五的人都有这种毛病,只是程度不同而已。这种借口与众不同,它通常默不作声。人们不会公开承认自己缺少足够的聪明才智,多半是在自己内心深处这么想。

我发现大多数人对"才智"有两种基本错误态度:太低估自己的脑力和太高估别人的脑力。因为这些错误,使许多人轻视自己。他们不愿面对挑战,因为那需要相当的才智。认为自己愚蠢的人才是真正愚蠢的人,他们应该知道,如果有一个人根本不考虑才智的问题,而勇于一试,就能够胜任得很好。

我认为真正重要的,不在于你有多少聪明才智,而是如何使用你已经拥有的聪明才智。要成为一个好的商人,不需要有闪电般的灵敏,不需要有非常惊人的记忆,也不需要在学校名列前茅。唯一的关键,就是对经商要有强烈的兴趣和热心。兴趣和热心是决定成败的重要因素。

事情的结果往往与我们的热心程度成正比。热心能使事情变好一百倍一千倍。很多人并不知道什么叫热心，所谓热心就是"这是很了不起的！"那种热情和干劲而已。

我相信才智平平的人，如果有乐观、积极与合作的处世态度，将会比一个才智杰出却悲观、消极也不合作的人，赚得更多的金钱，赢得更多的尊敬，并获得更大的成功。一个人不论他面对的是烦琐的小事、艰巨的任务还是重要的计划，只要他执着热忱地去完成，成果会远胜于聪颖但是懒散的人。因为，专注与执着占了一个人百分之九十五的能力。

有些人总在呻吟感叹：为什么很多非常出色的人物会失败呢？我可以永远不再让他们叹息，如果一个绝顶聪明的人总在用他们惊人的脑力去证明事情为什么无法成功，而不是用来引导自己的心力去寻找迈向成功的各种方法，失败的命运就会找上他们。消极的思想牵引他们的智力，使他们无法施展身手而一事无成。如果他们能改变心态，相信他们会做出许多伟大的事情。

想成大事却不懂得思考的大脑，也就是一桶廉价的糨糊而已。

引导我们发挥聪明才智的思考方式，远比我们才智的高低重要。即使是学历再高也无法改变这项基本的成功法则。天生的才智的教育程度不是业绩好坏的确定原因，而是在于思想管理。那些最好的商人从不杞人忧天，而是富有热忱。要改善天赋的素质绝非易事，但改善运用天赋的

第二十一封
不要找借口

方法却很容易。

很多人都迷信所谓的"知识就是力量"。在我看来这句话只说对了一半。拿才智不足当作借口的人,也是错解了这句话的意义。知识只是一种潜在的力量,只有将知识付诸应用,而且是建设性地应用,才会显出它的威力。

在标准石油公司永远没有活字典式的人物的位置,因为我不需要只会记忆、不会思考的"专家"。我要的人是真正能够解决问题,能想出各种点子的人,是有梦想而且勇于实现梦想的人。有创意的人能为我赚钱,只能记忆资料的人则不能。

一个不以才智为借口的人,绝不低估自己的才智,也不高估别人的才智。他专注运用自己的资产,发掘他拥有的优异才能。他知道真正重要的不在于他有多少才智,而在于他如何使用现有的才智,以及如何善用自己的脑力。他会常常提醒自己:我的心态比我的才智重要。他有要建立"我一定赢"的态度的强烈渴望。他知道要运用自己的才智积极创造,用他的才智寻找成功的方法,而不是用来证明自己会失败。他还知道思考力比记忆力更有价值,他要用自己的头脑来创造、发展新观念,寻找更好的做事新方法,随时提醒自己:我是正在用我的心智创造历史呢?或只是在记录别人创造的历史?

每一件事的发生必有原因,人类的遭遇也不可能碰巧发生。所以,有很多人总会把自己的失败怪罪于运气太坏,看到别人成功时,就认为那是因为他们运气太好。我从不相信什么运气好坏，除非我认为精心筹备的计划和行动叫"运气"。

如果由运气决定谁该做什么，每一种生意都会瓦解。假设标准石油公司要根据运气来彻底进行改组，就要将公司所有职员的名字放入一个大桶里，第一个被抽出的名字就是总裁，第二个是副总裁，就这样进行下去。很可笑吧？但这就是运气的功能。

我从不屈从运气，我相信因果定律。看看那些似是好运当头的人，你会发现并不是运气使然，而是准备、计划和积极的思想为他们带来美景。再看看那些"运气不好"的人，你会发现背后都有明确的成因。成功者能面对挫折，从失败中学习，再创契机。平庸者往往就此灰心丧气。

一个人不可能靠运气而成功，而是要付出努力的代价。我不妄想靠运气获得胜利等生命中的美好事物，所以我集中全力去发展自我，修炼出使自己变成"赢家"的各种特质。

借口把绝大多数的人挡在了成功的大门之外，百分之九十九的失败都是因为人们惯于找寻借口。所以在追求事业成功的过程中，最重要的一个步骤就是防止自己找借口。

爱你的父亲

第二十二封
谁都能成为大人物

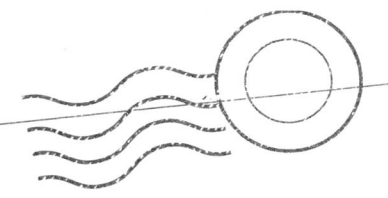

我们要做世上的盐。

人没有什么了不起,但没有什么比人更了不起的了。

1906年7月

洛克菲勒
写给儿子的 38 封信

亲爱的约翰：

在《马太福音》中记有一句圣言："你们是世上的盐。"

这个比喻平凡而又发人深省。盐，食之有味，又能清洁物品、防腐。基督想以此教诲他的门徒们应该肩负怎样的使命和发挥怎样的影响，他们到世上来就是要净化、美化他们所生存的世界，让这个世界免于腐败，并给予世人更新鲜、更健康的生活气息。

盐的首要责任是有盐味，盐味象征着高尚、有力、真正虔诚的宗教生活。那么，我们应该用我们的财富、原则和信仰做什么呢？无疑，我们要做世上的盐，去积极地服务社会，使世人得福。这是我们每个人最后的一个社会责任。

我们现在的责任，就是完全献身于周围世界和众人，专心致志于我们的给予艺术。我想没有比这个更伟大的了。

谈到伟大，我想起了一篇伟大的演讲词，那是我一生中不多见的伟大的演讲词。它告诉我，人没有什么了不起，但没有什么比人更了不起的了，这要看你为你的同胞和国家做了什么。

现在，我就把这篇伟大的演讲词抄录给你，希望它能对你大有裨益。

第二十二封
谁都能成为大人物

女士们，先生们：

今晚我很荣幸能在这里会晤一些大人物。尽管你们会说这个城市没有什么大人物，大人物都出生在伦敦、旧金山、罗马或其他大城市，就是不会出自本地，他们都来自这个城市以外的地方。如果是这样，你们就大错特错了。事实上我们这里的大人物和其他城市一样多。在座的听众里面就有许多大人物，有男也有女。

现在，请允许我大胆放言，在判断一个人是不是大人物时，我们常常犯的最大错误就是，我们总是认为大人物都有一间宽敞的办公室。但是，我要告诉你们，这个世界根本不知道什么样的人是世上最伟大的人物。

那么，谁才是世界上的伟大人物呢？青年人或许会急于提出这样的问题。我告诉你们，大人物不一定就是在高楼大厦里设有办公室的人。人之所以伟大是在于他本身的价值，与他获得的职位无关。谁能说一个靠吃粮食才能生存的君王比一个辛勤耕作的农夫更伟大呢？不过，请不要责备那些位居某种公职便以为自己将成为大人物的年轻人。

现在，我想请问在座的各位，你们有谁打算做个伟大的人物？

那个戴西部牛仔帽的小伙子，你说你总有一天要成为这个城市的大人物。真的吗？

你打算在什么时候实现这个心愿呢？

洛克菲勒
写给儿子的 38 封信

你说在发生另一场战争的时候,你会在枪林弹雨中冲锋陷阵,从旗杆上扯下敌人的旗帜,你将在胸前挂满勋章,凯旋归国,担任政府褒奖给你的公职,你将成为大人物!

不,不会的!年轻人,你这样做并不是真正的伟大。

但我们不应该责备你的想法,你在上学时就受到这样的教导,那些担任官职的人都曾经英勇地参战。

我记得,美国和西班牙战争刚结束时,我们这个城市有过一次和平大游行。人们告诉我,游行队伍走上布洛大街时,有辆四轮马车在我家大门口停下来,坐在马车上的是霍普森先生,所有人都把帽子抛向天空,挥舞着手帕,大声地叫:"霍普森万岁!"

如果我当时在场,也会这样叫喊,因为他应该获得这份伟大的荣誉。

但是,假设明天我到大学讲坛上问大家"小伙子们,是谁击沉了梅里马克号?"如果他们回答"是霍普森"。那么他们的回答是八分之七的谎言,因为击沉梅里马克号的总共有八个人,另外七个人因为职位的关系,一直暴露在西班牙人的炮火攻击之下,而霍普森先生身为指挥官,很可能置身于炮火之外。

我的朋友们,今晚在座的听众都是知识分子,但我敢说,你们当中没有一个人能说得出与霍普森先生在一起战斗的那七个人是谁。

我们为什么要用这种方式来教授历史呢?我们必须教导学生,不管一个人的职位多么低微,只要尽职尽责,美国人

第二十二封 谁都能成为大人物

民颁给他的荣耀，应该和颁给一个国王一样多。

一般人教导孩子的方式都是这样的，她的小儿子问："妈妈，那栋高高的建筑物是什么？"

"那是格兰特将军的坟墓。"

"格兰特将军是什么人？"

"他是平定叛乱的人。"

历史怎么可以这么教授呢？各位请想一想，如果我们只有一名格兰特将军，战争打得赢吗？哦，不会的。那么为什么要在哈德逊河上造一座坟墓呢？那不是因为格兰特将军本人是个伟大人物，坟墓之所以建在那里是因为他是代表人物，代表了二十万名为国捐躯的英勇将士，而其中许多人和格兰特将军一样伟大。这就是那座美丽的坟墓耸立在哈德逊河岸边的真正原因。

我记得一件事，可以用来说明这种情况，这也是我今晚所能想到的唯一一个例子。这件事令我很惭愧，无法将其忘掉。我现在把眼睛闭上，回溯到1863年，我可以看到位于伯克郡山的老家，看到牛市上挤满了人，还有当地的教堂和市政厅也都挤满了人。

我听到乐队的演奏声，看到国旗在飞扬，手帕在空中迎风招展。

我对当天的情景记忆犹新。人群是来迎接一连士兵的，而那连士兵也正在列队前来。他们在内战中服完一期兵役，又要再延长一期，现在正受到家乡父老的欢迎。我当时只是个年轻小伙，但我是那个连的连长。在那一天，我洋洋得

洛克菲勒
写给儿子的 38 封信

意,像个吹足了气的气球——只要一根细细的针,就可以将我扎破。我走在队伍前列,我比世上任何一个人都骄傲。

我们列队走入市政厅,他们安排我的士兵坐在大厅中央,我则在前排就座,接着镇上的官员列队从拥挤的人群中走出来。他们走到台上,围成半圆形坐下,市长随后在那个半圆形的位子中央坐下来。他是个老人,头发灰白,以前从未担任过公职。他认为,既然他担任公职,他就是一个伟大的人物。当他站起来的时候,他首先调整了一下他那副很有分量的眼镜,然后以无比威严的架势环视台下的民众。突然,他的目光落在我身上,接着这个好心的老人走向我,邀请我上台和那些镇上的官员坐在一起。

邀请我上台!在我从军之前,没有一个市府官员注意到我。

我坐在台前,让我的佩剑垂在地板上。我双手抱胸,等待接受欢迎,觉得自己就像是拿破仑五世!骄傲总在毁灭与失败之前出现。

这时,市长代表民众发表演说,欢迎我们这批凯旋的军人。

他从口袋里拿出演讲稿,小心翼翼地在讲桌上摊开,然后又调整了一下眼镜。他先从讲坛后面退了几步,然后再走向前。他一定很用心地研究过演讲稿,因为他采取了演说家的姿态,将身体重心放在左脚,右脚轻轻向前移,两肩往后缩,然后张开嘴,以四十五度的角度伸出手。

"各位亲爱的市民,"他开口说,"我们很高兴欢迎这些

第二十二封
谁都能成为大人物

英勇参战的……不畏流血的……战士回到他们的故乡。我们尤其高兴，在今天看到跟我们在一起的，还有一位年轻的英雄（指的就是我）……这位年轻的英雄，在想象中，我们曾经看到他率领部队与敌人进行殊死搏击。我们看到他那把闪亮的佩剑……在阳光下发出耀眼的光芒，他对着他的部队大叫，'冲锋'。"

上帝呀！这位好心的老头子对战争一无所知。只要他懂一点战争，就会知道一个事实：步兵军官在危险关头跑到部属前面是极大的错误。我竟然拿着那把在阳光下闪闪发光的指挥刀，对部下大喊：冲锋！我从来没有这样做过。

你们想一想，我会跑到最前面，被前面的敌人和后面的己方部队夹击吗？军官是不应该跑到那个地方去的。在实际的战斗中，军官的位置就在士兵身后。因为我是参谋，所以当叛军从树林中冲出，从四面八方向我方攻来时，我总是要骑着马对我方军队一路叫喊："军官退后！军官退后！"然后，每个军官都会退到战斗区后面，而且军阶愈高的人退得愈远。这不是因为他没有勇气，而是因为作战的规则就是这样。如果将军跑到前线，而且被打死了，这仗也就必输无疑，因为整个作战计划都在他的脑子里，他必须处在绝对安全的地方。

我居然会拿着"那把在阳光中闪闪发光的佩剑"。啊！那天坐在市政大厅的士兵当中，有人曾以死来保护我这个半大不小的军官，有人背着我横渡极深的河流。还有些人并不在场，因为他们为国捐躯了。讲演的人也曾提到他们，但他们并未受到注意。是的，真正为国捐躯的人却没有受到注意，我这个小男孩却被说成当时的英雄。

我为什么被当作英雄？很简单，因为那位演讲者也掉进了同样愚蠢的陷阱。这个小男孩是军官，其他的人只是士兵。我从这里得到了一个终生难忘的教训。一个人之所以伟大，并不是因为他拥有某种官衔。他之所以伟大，是因为他以些微的工具创下大业，以默默无闻的平民身份完成了人生目标。这才是真正的伟大。

一个人只要能向大众提供宽敞的街道、舒适的住宅、优雅的学校、庄严的教堂、真诚的训诫、真心的幸福，只要他能得到当地居民的感谢，无论他到哪里，都是伟大的。但如果他不被当地居民所感谢，那么不管他去到地球的哪个角落，都不会是一个伟大人物。

我希望在座的各位，都知道，我们是在有意义的行动中活着，而不是岁月；我们是在感觉中活着，而不是电话按键上的数字；我们是在思想中活着，而不是空气；我们应该在正确的目标下，以心脏的跳动来计算时间。

如果你忘记我今晚所说的话，请不要忘记我下面的话：思考最多、感觉最高贵、行为也最正当的人，生活也过得最充实！

爱你的父亲

第二十三封
我没有权利当穷人

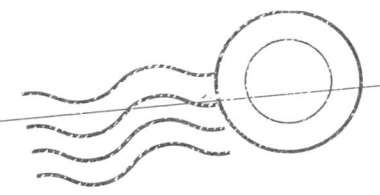

 格言

手里每多一分钱,就增加了一分决定未来命运的力量。

要让金钱当我的奴隶,而不能让我当金钱的奴隶。

1906年6月

洛克菲勒
写给儿子的 *38* 封信

亲爱的约翰：

有很多悲剧都因偏执和骄傲而引发，制造贫穷的人也是一样。

许多年前，我在第五大道浸礼会教堂，曾偶遇一个叫汉森的年轻人，一个在节衣缩食中悲惨度日的小花匠。也许汉森先生自以为坚守贫穷是种美德，他摆出一副品格高尚的样子对我说："洛克菲勒先生，我觉得我有责任同你讨论一个问题——金钱是万恶之源，这是《圣经》上说的。"

就在那一瞬间，我知道汉森先生为什么与财富无缘了，他是在从对《圣经》的误解中获取人生教诲。但他却浑然不觉。

我不希望让这个可怜的年轻人在他心胸狭窄的沼泽中越陷越深，我告诉他："年轻人，我从小就不断接受各种基督教格言的熏陶，且以此作为自己的行为准则，我想你也是一样。但我的记忆力似乎要比你好一些，你忘了，在那句话的前边还有一个字——喜爱，'喜爱金钱是万恶之源'。"

"你说什么？"汉森的嘴巴大张着，好像要吞下一条鲸鱼。真希望他赚钱的胃口能有那么大。

"是的，年轻人，"我拍拍他的肩头，说，"《圣经》根源于人类的尊严与爱，是对宇宙最高心灵的敬重，你可以毫不畏惧地引用里面的话，并将生命托付给它。所以，当你直接

第二十三封
我没有权利当穷人

引用《圣经》的智慧时,你所引用的就是真理。'喜爱金钱是万恶之源'。哦,正是如此。喜爱金钱只是崇拜的手段,并不是目的。如果你没有手段,就无法达成目标,也就是说,他只知道当个守财奴,那么金钱就是万恶之源。"

"想想看,年轻人,"我提醒汉森,"如果你有了钱,你就可以惠及你的家人、朋友,给他们快乐、幸福的生活,更可惠及社会,拯救那些孤苦无助的穷人,那么金钱就成了幸福之源。"

"年轻人,手里每多一分钱,就增加了一分决定未来命运的力量,去赚钱吧,"我劝导他,"你不该让那些偏执的观念锁住你有力的双手,你应该花时间让自己富裕起来,因为有了钱就有了力量。而纽约充满了致富的机会,你应该致富,而且能够致富。记住,小伙子,你虽是尘世间的匆匆过客,却也要滑出一道人生的光亮。"

我不知道汉森能否接受我的规劝,如果不能,我会为他感到遗憾,他看上去很结实,脑袋也不笨。

我一直认为,每个人都应该花时间让自己富裕起来。当然,有些东西确实比金钱更有价值。当我们看到一座落满秋叶的坟墓时,就不免感到一种难以言喻的悲伤,因为我知道有些东西的确比金钱崇高。尤其是那些受过苦难的人更能深深地体会到,有些东西比黄金更甜蜜、更尊贵、更神圣。然而,有常识的人都知道,那些东西没有一样不是用金钱来大幅提升的。金钱不一定万能,但是在我们这个世界,很多事情是离不开金钱的!

洛克菲勒
写给儿子的 38 封信

爱情是上帝给予我们的最伟大之物,但是,拥有很多金钱的情人能使爱情更加幸福,金钱就具有这样的力量!

一个人如果说"我不要金钱",那就等于是在说"我不想为家人、友人和同胞服务"。这种说法固然荒谬,但要断绝这两者关系同样荒谬!

我相信金钱的力量,我主张人人都应该去赚钱。然而,宗教对这种想法有强烈的偏见,因为有些人认为,作为上帝贫穷的子民是无上的荣耀。我曾听过一个人在祈祷会上祷告说,他十分感谢自己是上帝的贫穷子民,我不禁心里暗想:这个人的太太要是听到她先生这么胡言乱讲,不知会有何感想?她肯定会认为自己嫁错了人。

我不想再见到这种上帝的贫穷子民,我想上帝也不愿意!我可以说,如果某个原本应该很富有的人,却因为贫穷而懦弱无能,那他必然犯下了极端严重的错误;他不仅对自己不忠实、忠诚,也亏待了他的家人!

我不能说赚钱的多寡可以用来当作人生成功与否的标准,但几乎毫无例外的是,你可以利用金钱的多寡来衡量一个人对社会所做的贡献。你的收入愈多,你的贡献也愈多。一想到我已经使无数国民永远走向了富裕之路,我便自感拥有了伟大人生。

我相信上帝是为他的子民——而不是撒旦之流——才铸出钻石。上帝所给我们的唯一告诫是,我们不能在有违上帝的情况下赚钱,或赚取别的东西。那样做只会让我们平添罪恶感。要获得金钱,大量的金钱,无可厚非,只要我们以正

第二十三封
我没有权利当穷人

当的方法得来，而不是让金钱拖着我们的鼻子走。

某些人之所以没有钱，是因为他们不了解钱。他们认为钱既冷又硬。其实钱既不冷又不硬——它柔软而温暖，它会使我们感觉良好，而且在色泽上也能跟我们所穿的衣服相配。

我之所以是我，都是我过去的信念创造出来的。坦率地说，自我感觉到人世间因贫穷而疾苦的时候，我就萌发了一个信念：我应该是富翁，我没有权利当穷人。随着时间的推移，这个信念变得犹如钢铁般坚硬。

在我小的时候，正是拜金思想神圣化的时期，当时数以万计的淘金者怀揣着发财梦从各处方向拼命涌进了加利福尼亚。尽管事后发现那场淘金热只是个圈套而已，它却大大激起了数百万人的发财欲望，这其中就包括我——一个只有十多岁的孩子。

那时我的家境窘迫，时常要接受好心人伸出的援手。我的母亲是一个非常自尊的人，她希望我能肩负起作为长子的职责，建设好这个家庭。母亲的渴望与教诲，养成了我一种终生不变的责任感，我立下誓言：我不能沦为穷人，我要赚钱，我要用财富改变家人的命运！

在我少年时代的发财梦中，金钱对我而言，不只是让家人过上富足无忧生活的工具，而是通过给予——明智地花出去金钱更能换来道德上的尊严，这些东西远比豪华、气派的住宅和美丽、漂亮的服饰更令我激动不已！

我对金钱的理解，坚定了我要赚钱、我要成为富人的信念,而这个信念又给予了我无比的斗志去追逐财富。

我的儿子,没有比为了赚钱而赚钱的人更可怜、更可鄙的,我懂得赚钱之道:要让金钱当我的奴隶,而不能让我当金钱的奴隶。我就是这样做的。

爱你的父亲

第二十四封
财富是勤奋的副产品

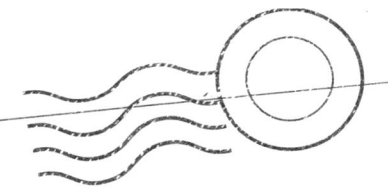

财富是意外之物,是勤奋工作的副产品。
勤奋是为了自己,不是为了别人。
我们的财富是对我们勤奋的嘉奖。

1907年

洛克菲勒
写给儿子的 *38* 封信

亲爱的约翰：

很高兴收到你的来信，在你的信中有两句话很是让我欣赏，一句是"你要不是赢家你就是在自暴自弃"，一句是"勤奋出贵族"。这两句话是我不折不扣的人生座右铭，如果不自谦的话，我愿意说，它正是我人生的缩影。

那些不怀好意的报纸，在谈到我创造的巨额财富时，常比喻我是一架很有天赋的赚钱机器。其实他们对我几乎一无所知，更对历史缺乏洞见。

作为移民，满怀希望和勤奋努力是我们的天性。而我尚在孩童时期，母亲就将节俭、自立、勤奋、守信和不懈的创业精神等美德植入了我的骨髓。我真诚地笃信这些美德，将其视为伟大的成功信条。直到今天，我的血液中依然流淌着这些伟大的信念。而所有的这一切结成了我向上攀爬的阶梯，将我送上了财富之山的顶端。

当然，那场改变美国人民命运与生活的战争，让我获益匪浅。真诚地说，它将我造就成了令商界啧啧称奇而又望而生畏的商业巨人。是的，南北战争给予了民众前所未有的巨大商机，它把我提前变成了富人，为我在战后掀起的抢夺机会的竞技场上获胜提供了资本支持，后来才能财源滚滚。

但是，机会如同时间一样是平等的，为什么我能抓住机会成为巨富，而很多人却与机会擦肩而过、不得不与贫困为

第二十四封
财富是勤奋的副产品

伍呢？难道真的像诋毁我的人所说，是因为我贪得无厌吗？

不！是勤奋！机会只留给勤奋的人！自我年少时，我就笃信一条成功法则：财富是意外之物，是勤奋工作的副产品。每个目标的达成都来自于勤奋的思考与勤奋的行动，实现财富梦想也依然如此。

我极为推崇"勤奋出贵族"这句话，它是让我永生敬意的箴言。无论是过去还是现在，无论是在我们立足的北美还是在遥远的东方，那些享有地位、尊严、荣耀和财富的贵族，都有一颗永不停息的心，都有一双坚强有力的臂膀，在他们身上都凸显毅力和顽强意志的光芒。而正是这样的品质或称为财富，让他们成就了事业，赢得了尊崇，成为顶天立地的人物。

约翰，在这个无限变幻的世界中，没有永远的贵族，也没有永远的穷人。就像你所知道的那样，在我小的时候，我穿的是破衣烂衫，家境贫寒到要靠好心人来接济。但今天我已拥有一个庞大的财富帝国，已将巨额财富注入慈善事业之中。如同万种盛衰起伏变幻如同沧海桑田，生生不息。出身卑贱和家境贫寒的人，通过自己的勤奋工作、执着的追求和智慧，同样能功成名就、出人头地，成为新贵族。

一切尊贵和荣誉都必须靠自己的创造去获取，这样的尊贵和荣誉才能长久。但在我们今天这个社会，富家子弟处在一种不进则退的情况之下。不幸的是，他们中的很多都缺乏进取精神，却好逸恶劳，挥霍无度，以至有很多人虽在富裕的环境中长大，却不免在贫困中死去。

所以,你要教导你的孩子,要想在与人生风浪的博击中完善自己,成就自己,享受成功的喜悦,赢得社会的尊敬,高歌人生,只能凭自己的双手去创造;要让他们知道,荣誉的桂冠只会戴在那些勇于探索者的头上;告诉他们,勤奋是为了自己,不是为了别人,他们是勤奋的最大受益者。

我自孩提时代就坚信,没有辛勤的耕耘就不会有丰硕的收获。作为贫民之子,除去靠勤奋获得成功、赢得财富与尊严,别无他法。上学时,我不是个一教就会的学生,但我不甘人后,所以我勤恳地准备功课,并能持之以恒。在我十岁时我就知道要尽我所能地多干活,砍柴、挤奶、打水、耕种,我什么都干,而且从不惜力。正是农村艰苦而辛劳的岁月,磨炼了我的意志,使我能够承受日后创业的艰辛;也让我变得更加坚忍不拔,塑造了我坚强的自信心。

我知道,我之所以在后来身陷逆境时总能泰然处之,包括我的成功,在很大程度上都得益于我自小建立的自信心。

勤奋能修炼人的品质,更能培养人的能力。我受雇于休伊特—塔特尔公司时,我就获得了具备非同一般的能力和出众的年轻簿记员的名声。在那段日子里,我可谓终日披星戴月、夜以继日。当时我的雇主就对我说,"你一定会成功,以你这非凡的毅力"。尽管我不明白将来会是什么样子,但有一点我相信,只要我用心去干一件事,我决不会失败。

今天,尽管已年近七十,但我依然搏杀于商海之中,因为我知道,结束生命最快捷的方式就是什么也不做。人人都有权利选择把退休当作开始或结束。那种无所事事的生活态

第二十四封
财富是勤奋的副产品

度会使人中毒。我始终将退休视为再次出发,我一天也没有停止过奋斗,因为我知道生命的真谛。

约翰,我今天的显赫地位、巨额财富不过是我付出比常人多得多的劳动和创造换来的。我原本是普普通通的常人,原本没有头上的桂冠,但我以坚强的毅力、顽强的耕耘,孜孜以求,终于功成名就。我的名誉不是虚名,是血汗浇铸的王冠,些许浅薄的嫉恨和无知的浅薄,都是对我的不公平。

我们的财富是对我们勤奋的嘉奖。让我们坚定信念,认定目标,凭着对上帝意志的信心,继续努力吧,我的儿子。

爱你的父亲

第二十五封
财富是种责任

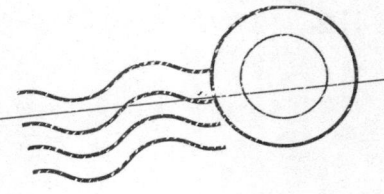

巨大的财富也是巨大的责任。

1907年11月

第二十五封
财富是种责任

亲爱的约翰：

非常高兴，一场险些酿成国难的金融危机终于过去了！

现在，我想我们那位合众国总统西奥多·罗斯福先生，可以到路易斯安纳继续心安理得地打猎了，尽管他在这场危机中表现出令人吃惊的无能。当然，总统先生并非什么都没有做，他用"担忧"支持了华尔街。上帝呀！我们纳税人真是瞎了眼，竟然把这么一位纽约混混儿送进了白宫。

坦率地说，一提到西奥多·罗斯福的名字，想起他对标准石油公司所做的一切，就令我愤慨。他是我见到的最狭隘、最富有报复心的小人。是的，这个小人得逞了，用他手中的大权，成为由他自己策动的一场不公平竞赛的胜者，让联邦法院开出了那张美国历史上前所未有的巨额罚单，并下令解散我们的公司。看看这个卑鄙的人都对我们做了什么！

然而，我相信，他所谓的惩戒终归不会得逞，反倒会使他感到大为懊丧，因为我相信我们所有的公司不是垃圾，我们有杰出的管理队伍，有充足的资金，我们可以抵御任何风险与打击，我们的财富将因它们健康的肌体滚滚而来。等着瞧吧！我们会有暗自窃喜的时候。

但是，我们的确受到了伤害，受到了极不公正的对待。西奥多指责我们是拥有巨富的恶人，那位法官大人侮辱我们是臭名昭著的窃贼，好像我们的财富是密谋掠夺来的。错！那些愚蠢的家伙毫不知悉大企业是如何建立起来的，他们也不想知道。我们的每一分钱都渗透着我们的智慧,我们每前进一步都付出了汗水,我们事业大厦的基石由我们的生命奠基。但他们不想听,却要像偏执狂一样,只相信他们自己低能的判断,带有侮辱性的贬低我们的经商才能,更无视是我们用最廉价、最优质的煤油照亮了美国的事实。

　　我知道,西奥多手中的长剑一定将挥舞到大有斩获为止,因为他拒绝了我们和解的建议。但我无所畏惧,因为我问心无愧,而最坏的结果只不过是他用手中的强权拆散我们辉煌而快乐的大家庭而已,但快乐不会停止,辉煌也不会落地。建立在现实基础上的未来将证明这一切。

　　毫无疑问,我们正在经受着前所未有的迫害,来自罗斯福政府的迫害。但是,我们不能感情用事,不能用愤怒压制良知。当危机来临时我们永远不能袖手旁观,那会让我们感到耻辱和良心不安,我们应该挺身而出。因为我们是合众国的公民,我们有使国家和同胞免于灾难的职责。而作为富人,我知道,巨大的财富也是巨大的责任,我肩负着造福人类的使命。

　　这次金融危机席卷华尔街,处于恐慌之中的存款人排起长队要从银行取走存款,出现挤兑。一场将导致美国经济再次进入大萧条的危机来临的时候,我预感到国家已陷入双重危机:政府缺乏资金,民众缺乏信心。此时此刻,"钱袋先生"必须要为此做些什么,我打电话给斯通先生,请美联社引用我的话,告诉美国民众:我们的国家从不缺少信用,金融界的有识之士更以信用为生命,如果有必要,我情愿拿出

第二十五封
财富是种责任

一半的证券来帮助国家维持信用。请相信我,金融地震不会发生。

感谢上帝,危机已经过去,华尔街已经走出了困境。

而我为这一刻的到来,做了我该做的事情,就像《华尔街日报》评论的那样,"洛克菲勒先生用他的声音和巨额资金帮助了华尔街"。只是,有一点永远都不会让他们知道,在克服这次恐慌中,我是从自己钱袋里拿钱最多的人,这令我非常自豪。

当然,华尔街能成功度过此次信用危机,摩根先生可谓功勋卓著。他是这场战争不折不扣的指挥官,他将一群商界名士聚集起来共同应对危机,用他不可替代的金融才能和果决的个性拯救了华尔街。所以我说,美国人民应该感谢他,华尔街的人应该感谢他,西奥多·罗斯福更应该感谢他,因为摩根替他做了他本该做却因无能而没有做的事。

如今,很多人,当然还有报纸,都对慷慨解囊的人们大加赞誉,但在我这里它一文不值。良心的平静才是唯一可靠的报酬,国难当头,我们本该当仁不让、勇于承担。我想那些真诚伸出援手的人们同我一样,我们只是想用自己的力量、信仰与忠诚照耀我们的祖国。

但我并非没有可耻的记录。在四十六年前,当许许多多的美国青年听从祖国召唤,忠诚奔赴前线,为解放黑奴、维护联邦统一而战的时候,同样作为青年,我却以公司刚刚开业、我的家人要靠它活着为由,未去参战。

这似乎是一个让人心安理得的理由,但那时国家需要我，需要我们流血。这件事一直让我的良心不安，直到十几年前那场经济危机的到来，我才得有救赎的机会。当时，联邦政府无力保证黄金储备，华盛顿转而向摩根先生求助，但摩根无能为力，是我拿出巨资助政府一臂之力才平息了那场金融恐慌。这让我非常高兴，比赚多少钱都令我高兴。

但我没有将自己视为拯救者，更没有自命不凡，只有傻瓜才会因为有钱而自命不凡。因为我是公民，我知道，我拥有巨大财富，我也因它而承担着巨大的公共责任，比拥有巨大财富更崇高的是，按照祖国的需要为祖国服务。

约翰，我们是有钱，但在任何时候，我们都不该肆意花钱，我们的钱只用在给人类创造价值的地方，而绝不能给任何有私心的人一点点好处。当然，我们也绝不再给共和党人捐款助选，那个西奥多·罗斯福已经把我们害苦了。

名誉和美德是心灵的装饰，如果没有她，即使肉体再美，也不应该认为美。

爱你的父亲

第二十六封
尾声就是开始

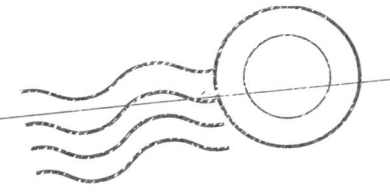

最好是好的敌人。

首先发现对方弱点并狠命一击的人，常常是胜者。

大多数人会失败，不是因为犯错，而是因为没有全心投入。

1908年8月

洛克菲勒
写给儿子的 38 封信

亲爱的约翰：

安德鲁·卡内基先生又接受了记者的专访。我一直弄不明白，他为什么总喜欢在报纸上抛头露面。我猜想他准是患了恐惧遗忘症，唯恐人们忽视了他的存在。

但我还是比较欣赏这个常与我争风头的家伙，因为他勤奋、雄心勃勃，像个不知疲倦的铁汉，总将向前视为他第一、第二、第三重要的事情；也许因此，当被问及他成功的秘诀时，他才会告诉记者说：尾声只是开始。

真是难以置信，这个铁匠怎么会说出如此精辟的话。我相信这个仅由三个单词组成的短句，很快就会传播出去，或者卡内基先生也会因此得个商界哲学家的头衔。事实上他值得人们这样称道他，能将自己成功的一生浓缩成一个短句，不正是表现了这位商业巨人的非常智慧吗？

不过，卡内基先生只给出了一个成功者的成功公式，却没有给出其中的演算过程。看来这个家伙就是不能改变自私的本性，总怕别人窥见他成功的秘密。我倒想试着替铁匠解一解那个公式，但你不要外传；否则，他会因我泄密，在圣诞节时就不光送我威士忌了。他一定还会送来雪茄，他知道我滴酒不沾，更知道我是个禁烟主义者。这个有趣的家伙。

"尾声只是开始"，在我看来，铁匠是在试图表明成功是一个不断繁衍的过程，这就像一头多产的母牛，当它生下一头牛崽之后，马上又怀上了另一头牛崽，如此往复，生生不

第二十六封
尾声就是开始

息。尾声是一段路程的最后一站,又是新梦的开始。每一个伟大的成功者,都是用一个个小的成功把自己堆砌上去的。他们用尾声欢庆梦想的实现,又用尾声欢送新梦上路,这是每一个创造了伟大成就的人的品质。

但是,如何开始新梦呢?卡内基先生"忘"了说,而这恰恰是期望能否顺利冲到最后一站的关键,更是开始下一个新梦的关键。其实,答案很简单,那就是从一开始你就要千方百计地掌握优势。我的经验告诉我,有三种策略能让我拥有优势。

第一个策略:一开始就要下决心,关注竞争状况和竞争者的资源。这点表示我要注意自己和别人都拥有什么,也表示要了解降低机会的基本面。从事新事业时,在了解整个状况之前,不应该采取初步行动,成功的第一步是了解达成目的所需要的资源在哪里、数量有多少。

从一开始,我就设法预测会出现什么机会,当它出现的时候,我会像狮子一样扑向它。而且我还知道,最好是好的敌人。很多人总喜欢追求最好的东西,而放弃好的东西。这样做不是聪明的策略,因为好总是胜过不好。而现实是,理想的机会很少送上门,却常常有很多不尽理想,但还算好的机会虽有不足之处,却绝对远胜过完全没有机会。

第二个策略:研究和检讨对手的情况,然后善用这种知识来形成自己的优势。了解对手的优点、弱点、做事的风格和性格特点,总能让我在竞争中拥有优势。当然,我也要知道自己是谁。我用这个策略就曾经让那个"尾声只是开始"

的发明者卡内基先生甘拜下风。

卡内基先生是当之无愧的钢铁巨人，挑战他就如同挑战死亡。但是他的弱点却能帮上对手的大忙。他固执己见，也许他钱包太鼓了，他总喜欢俯视、低估别人。他不把我放在眼里，愚蠢地认为石油行业才是我的舞台，而且他固执地认为只有愚蠢的人才会去干采矿那一行，因为他认为矿石的价格太过低廉，而且矿石取之不尽。

所以，当我投资采矿业时，他几乎逢人就不忘讥讽我，说我对钢铁业一窍不通，是全美最失败的投资者。事实上，卡内基是个只能看到山腰却望不到山顶的人，他不知道价格是没有什么神圣的，重要的东西是价值。如果不能控制采矿业，他那些引以为豪的炼钢厂就只能视为一堆废铁。

在别人不把你高看为对手的时候，就是你为未来竞争赚得最大资本的时候。所以，从一开始，我便放心大胆地全面投资。冲动胜过慎重，很快这个高傲的铁匠就发现，那个"以最差投资者而闻名于世的人"控制了铁矿业，成为全美最大的铁矿石生产商，一举取得了支配地位，要与他分庭抗礼。他坐不住了，只能低声下气地向我求和。

在竞争中，首先发现对方弱点并狠命一击的人，常常是胜者。

第三个策略：你必须拥有正确的心态。从一开始，你必须下定决心，追求胜利，这表示你必须在道德的限制下，表现得积极无情，因为这种态度直接来自残忍无情的目标。

既然决心追求胜利，就必须全力以赴。也只有全力以赴

第二十六封
尾声就是开始

才有辉煌的成就。在竞争开始时更应如此。说得好听一点，这是努力取得早期的优势，希望建立独占的地位；说得难听一点，付出努力等于让别人减少一个机会。而与此同时，我们还要积极而勇猛，要有吞下鲸鱼的胆量。我相信，天才的竞争者总是由勇士来承担，这是千古不变的规律。

在《新约：哥林多前书》里，使徒保罗说："如今常在的，有信、有望、有爱，这三样其中最大的是爱。"在每一个新梦的初期，最重要的是追求胜利的决心。没有追求胜利的态度，关注竞争状况和了解对手没有什么作用。获得知识、保持控制力、评价竞争状况，正是让你建立信心，协助你达成追求胜利最高目标的东西。

看看那些失败的人，你就会发现，大多数人会失败，不是因为犯错，而是因为没有全心投入，企业也是一样。

约翰，别忘了卡内基先生那句即将广为传诵的名言，"尾声只是开始"，当然，还有我那三个策略。

哦，我不是在营救一个不需要营救的谋略家吧。

爱你的父亲

第二十七封

拒绝责难,拒绝推诿

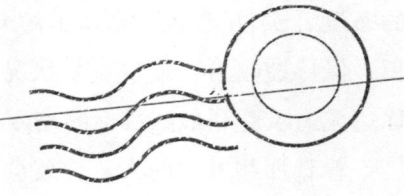

责难是摧毁领导力的头号敌人。

自责是一种最阴险狡猾的责难陷阱。

自己越强大,别人的影响力就会越小。

1910年

第二十七封
拒绝责难，拒绝推诿

亲爱的约翰：

如果我说一直不甘示弱、总以为自己是世界第一富豪的安德鲁·卡内基先生来拜访我，并向我讨教了一个非常严肃的问题，你会不会感到惊讶？事实上，那位伟大的铁匠就是这么做的。

两天前，卡内基先生来到我们的基奎特。或许是我笑容可掬的态度，和我们轻松的谈话气氛，熔化了卡内基先生钢铁般的自尊，让他放下架子问我：

"约翰，我知道，你领导着一群很能干的人。不过，我不认为他们的才干不可匹敌，但令我疑惑的是，他们似乎无坚不摧，总能轻松击败你们的竞争对手。我想知道，你施了什么魔法让他们拥有那种精神的，难道是金钱的力量？"

我告诉他，金钱的力量当然不可低估，但责任的力量更是巨大。有时，行动并非源自想法，而是源自揽起责任。标准石油公司的人都有负责精神，都知道"我的责任是什么，我做什么可以把事情做得更好"。但我从不高谈阔论责任或义务，我只是通过我的领导方式来创造具有责任感的企业。

我以为这个话题到此就应该结束了，但我的回答显然挑动了卡内基先生的好奇心，他很认真地追问我："约翰，那你能告诉我你是怎么干的吗？"

看着卡内基先生谦逊的神态，我无法拒绝，我必须如实相告。我告诉他，如果我们想要永续生存，那么我们的领

洛克菲勒
写给儿子的 38 封信

导方式就意味着断然拒绝为了任何理由去责难任何一个人或任何一件事。责难就如同一片沼泽，一旦失足跌落进去，你便失去了立足点和前进的方向，你会变得动弹不得，陷入憎恨和挫折的困境之中。结果只有一个：失去下属的尊重与支持。一旦落到这步田地，那你就好比一个将王冠拱手让给他人的国王，无法再主宰一切。

我知道责难是摧毁领导力的头号敌人，还知道在这个世界上没有常胜将军，不管是谁都将遭遇挫折和失败。所以，当问题出现时，我不会感到愤恨不满，我只是在想：怎么能让情势好转起来，采取什么行动可以补救或是修复我们的失误，积极地选择朝向更高的生产力和满意度前进。

当然，我不会放过我自己。当坏事降临在我们身上时，我会先停下来问自己一个问题，"我的职责是什么？"回归原点，借着对自身角色进行完全坦诚的评估，可以避免窥探他人做了什么，或是要求其他人改变什么等无意义的行为。事实上，只有将焦点专注在自己身上，我才能将无意中拱手让出的王冠重新收回。

但是，分析"我的职责是什么"并不意味着自责。自责是一种最阴险狡猾的责难陷阱，诸如"那真是一个愚蠢的错误！"等自我责难，只会使我陷入与其他任何责难相同的愤恨与不满的圈套之中。事实上，"我的职责是什么"是一种具有强大分析力和自我肯定的步骤。当我知道，真正的问题不是他们应该要做什么，而是我应该要做什么时，我不会自怨自艾，而只会让自己更强大。自己越强大，别人的影响力

第二十七封
拒绝责难，拒绝推诿

就会越小，看来这不是件坏事。

如果我能将每一个阻碍视为了解自己的一个机会，而非斤斤计较他人对我做了什么，那么我就能在领导危机的高墙外找到出路。

当然，我从不把自己视为救世主，也没有救世主的心态。我自问：我在哪些方面应为自己负责。也自问：在哪些方面，部属们要为我负责。领导者的工作不是全知全能、全权负责。如果我视自己为英勇的正义使者，准备去拯救这个世界，那就只会让自己陷入领导危机之中。我的责任中，很大一部分是让其他人也为自己该负的责任负责。如果一个雇员对于事关自己切身利益的事情都不在乎的话，我不相信这样的雇员能对出色完成工作有强烈的渴望，那他就应该离开，为别人去服务了。

感觉责任在肩的那种压力能让人不自觉地兴奋起来。没有一件事像个人的责任感一样，可以激发并强化做事的能力，而将重责大任托付部属，并让他了解我对他充分信任，无疑是对他最大的帮助。所以，我不会将部属必须并且能够负担的责任揽在自己身上。

我不只光靠示范作用来营造公司负责的氛围与风气，我的部属都知道我的基本原则：在标准石油公司没有责难、没有借口！这是我坚持的理念，每一个人都知道。我不会因为他们犯错而惩罚他们，但是我决不能容忍不负责任的行为存在。我们的信念就是要彻底奉行。我们的箴言是支持、鼓励和尊重将被全心接受与加倍颂扬。只会找借口而不提供解决

洛克菲勒
写给儿子的 38 封信

方式，这是标准石油公司无法容忍的。

我们很少犯错误，因为我的大门随时为部属敞开着，他们可以提出高见，或是纯粹地发牢骚，但是要用一个负责任的方式。这样的结果会让我们彼此信任，因为我们了解所有的事都需要摊在阳光下来讨论。

卡内基先生是位优秀的老学生，他没有让我浪费时间，他在我结束这个话题时说："在抱怨声中，优秀的雇员也会变成乌合之众！"他真聪明。

约翰，几乎所有的人都有推诿真正责任的防御心理，以致推诿责任的现象处处可见，贻害无穷。避免防御的方法就是开始倾听。

领导者最大的挑战在于，要如何创造出一个能让人们觉得开诚布公会比隐藏实情来得舒适的环境。主动邀请其他人陈述他们的想法，用一些诸如"再多说一点"，或是"我真的想听听你的意见"的话语来鼓励他们说出自己的想法。和一般人所相信的刚好相反，在对话中，聆听者才是拥有权力的人，而非陈述者。

难以置信吧？想想看，陈述者的语调、焦点还有内容，事实上都取决于你倾听的方式。试想，和一个面露敌意且肢体呈现侵略性姿态的人，以及一个对你表示全神贯注的人说话时，两者之间的差异。当你单纯地聆听其他人说话时，你卸下了你的防卫。你会得到这些好处：你对有攻击性或愤怒的语言的背后隐含的议题，会有着更透彻的了解。你可以得到更多的信息，而这些资讯可以改变你对整个事件来龙去脉的假设。你会有更多的时间来整理思绪。

陈述者会感觉你重视他的观点。最令人兴奋的是，当你专注地倾听之后，原来的陈述者也会更愿意聆听你的意见。

真实的倾听是不具任何防御性的。即使你不喜欢这个信息，你也应该倾听了解，而非立即做出回应。专注地倾听不太像是一种技巧，它比较像是一种态度。滑雪的人在遭遇障碍时的每一秒钟，都投入百分之百的注意力，绝对不会分神去思考过一会儿他要对伙伴说什么。同样，作为一名积极的倾听者，你贡献百分之百的注意力给另外一个人，不会出现想到什么就脱口而出的情况。如此一来，你去除了先入为主的观念，并敞开胸襟开创一段更有意义和更有效果的对话。

长久以来，我们塑造了生活，也塑造了自己。这个过程将会持续下去，我们最终都将为自己的选择负责。就如"目的"决定你的方向，拒绝责难将筑出一条实现目标的大道。

爱你的父亲

第二十八封
只有放弃才会失败

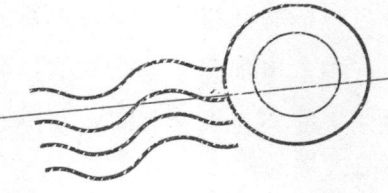

格言

　　除非你放弃，否则你就不会被打垮。

　　有太多的人高估他们所欠缺的，却又低估了他们所拥有的。

　　世界上没有一样东西可取代毅力。

1909年

第二十八封
只有放弃才会失败

亲爱的约翰：

今天是伟大的一日！

今天，合众国上下怀着一种特有的感念之情，来纪念那颗伟大又罕有的灵魂——无愧于上帝与人类的先总统亚伯拉罕·林肯先生。我相信林肯受之无愧。

在我真实的记忆中，没有谁能比林肯更伟大。他编织了一段合众国成功而又令人动容的历史。他用不屈不挠的精神与勇气以及宽厚仁爱之心，使四百万最卑下的黑奴获得解放，同时击碎了两千七百万另一肤色的合众国公民灵魂上的枷锁，结束了因种族仇恨而使灵魂堕落、扭曲和狭隘的罪恶历史。他避免了国家被毁灭的灾难，将一切不同语言、宗教、肤色和种族组合成为一个崭新的国家。合众国因他获得了自由，因他而幸运地踏上了正直公平的康庄大道。

林肯是十九世纪最伟大的英雄。今天，在他百年诞辰之际，举国上下追思他为合众国所做的一切，就是一个最好的证明。

然而，当我们重现并感激他的光辉伟业之时，我们更应汲取并光大其人生所具有的特殊教益——执着的决心与勇气。我想我们纪念他的最好方式就是效法他，让他从不放弃的精神光照美国。

在我心中，林肯永远是不被困难吓倒、不屈不挠的化身。他生下来就一贫如洗，曾被赶出家园。他第一次经商就

洛克菲勒
写给儿子的 38 封信

失败了，第二次经商败得更惨，以致用去十几年的时间他才还清了债务。他的从政之路同样坎坷，他第一次竞选州议员就遭到失败，并丢掉了工作。幸运的是，他第二次竞选成功了，但接下来是丧失亲人的痛苦。然而他依然没有灰心，在以后竞选中他曾六度失败，但每次失败过后他仍是力争上游，直至当选美国总统。

每个人都有历尽沧桑和饱受无情打击的时候，却很少有人能像林肯那样百折不回。每次竞选失败过后，林肯都会激励自己："这不过是滑了一跤而已，并不是死了爬不起来了。"这些词汇是克服困难的力量，更是林肯最终享有盛名的利器。

林肯的一生书写了一个伟大的真理：除非你放弃，否则你就不会被打垮。

功成名就是一连串的奋斗。那些伟大的人物，几乎都受过一连串的无情打击，他们每个人都险些宣布投降，但是他们因为坚持到底，最终获得了辉煌的成果。例如伟大的希腊演说家德莫森，他因为口吃，生性害臊羞怯。他父亲死后给他留下一块土地，希望他能过上富裕的生活，但当时希腊的法律规定，他必须在声明拥有土地之权之前，先在公开的辩论中赢得所有权。很不幸，因为口吃加上害羞使他惨败，结果丧失了那块土地。但他没有被击倒，而是发愤努力战胜自己，结果他创造了人类空前未有的演讲高潮。历史忽略了那位取得他财产的人，但几个世纪以来，整个欧洲都记得一个伟大的名字——德莫森。

第二十八封
只有放弃才会失败

有太多的人高估他们所欠缺的,却又低估了他们所拥有的,以致丧失了成为胜利者的机会。这是个悲剧。

林肯的一生就是化挫折为胜利的伟大见证。没有不经失败的幸运儿,重要的是不要因失败而变成一个懦夫。如果我们尽了最大努力仍然不达目的,我们所应做的就是汲取教训,力求在接下来的努力中表现得更好就行了。

坦率地说,我无心与林肯总统比较,但我有他些许的精神。我痛恨生意失败、失去金钱,但是真正使我关心的是,我害怕在以后的生意中,会因太谨慎而变成懦夫。如果真是那样,那我的损失就更大了。

对一般人而言,失败很难使他们坚持下去,而成功则容易继续下去。但在林肯那里是个例外,他会利用种种挫折和失败,来驱使他更上一层楼。因为他有钢铁般的毅力。他有一句话说得好:"你无法在天鹅绒上磨利剃刀。"

世界上没有一样东西可取代毅力。才干也不可以。怀才不遇者比比皆是,一事无成的天才很普遍;教育也不可以。世上充满了学无所用的人。只有毅力和决心无往不利。

当我们继续迈向高峰时,我们必须记住:每一级阶梯都供给我们足够的时间,然后再踏上更高一层,它不是供我们休息之用。我们在途中不免疲倦与灰心,但就像一个拳击手所说的,你要再战一回合才能得胜。碰到困难时,我们要再战一回合。每一个人的内在都有无限的潜能,除非我们知道它在哪里,并坚持用它,否则毫无价值。

伟大的机会不假外求,然而,我们得努力工作才能把握它。俗语说:"打铁趁热。"的确不错。毅力与努力都很重要。每一个"不"的回答都使我们愈来愈接近"是"的回答。"黎明之前总是最黑暗",这句话并非口头禅,我们努力工作发挥技巧与才能时,成功的一天终会到来。

今天,我们在感激、赞美林肯总统的时候,不能忘记的是要用他一生的事迹来激励自己。即使这样做了,我们顶天立地的一天仍未到来,我们依然是个大赢家。因为我们已经有了知识,也懂得面对人生,那是更大的成功。

爱你的父亲

第二十九封
天下没有白吃的午餐

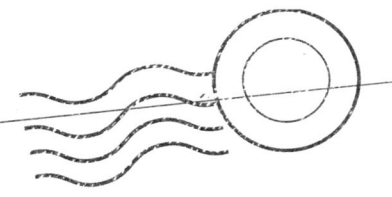

　　智慧之书的第一章,也是最后一章,就是"天下没有白吃的午餐"。

1911年

洛克菲勒
写给儿子的 38 封信

亲爱的约翰：

我已经注意到那条指责我吝啬，说我捐款不够多的新闻了，这没什么。我被那些不明就里的记者骂得够多了，我已经习惯了他们的无知与苛刻。我回应他们的方式只有一个：保持沉默、不加辩解，无论他们如何口诛笔伐。因为我清楚自己的想法，我坚信自己站在正确的一方。

每个人都需要走自己的路，重要的是要问心无愧。有一个故事或许能够解释，我很少理会那些乞求我出钱来解决他们个人问题的理由，更能解释让我出钱比让我赚钱更令我紧张的原因。这个故事是这样说的：

有一家农户，圈养了几头猪。一天，主人忘记关圈门，便给了那几头猪逃跑的机会。经过几代以后，这些猪变得越来越凶悍，开始威胁经过那里的行人。几位经验丰富的猎人闻听此事，很想为民除害捕获它们。但是，这些猪却很狡猾，从不上当。

约翰，当猪开始独立的时候，都会变得强悍和聪明。

有一天，一个老人赶着一头拖着两轮车的驴子，车上拉着许多木材和粮食，走进了野猪出没的村庄。当地居民很好奇，就走向前问那个老人："你从那里来，要干什么去呀？"老人告诉他们："我来帮助你们抓野猪呀！"众乡民一听就嘲笑他："别逗了，连优秀的猎人都做不到的事，你怎么可能做到。"但是，两个月以后，老人回来告诉那个村子的村

第二十九封
天下没有白吃的午餐

民,野猪已经被他关在山顶上的围栏里了。

村民们再次惊讶,追问那个老人:"是吗?真不可思议,你是怎么抓住它们的?"

老人解释说:"首先,就是去找野猪经常出来吃东西的地方。然后我就在空地中间放一些粮食作为陷阱的诱饵。那些猪起初吓了一跳,最后还是好奇地跑过来,闻粮食的味道。很快一头老野猪吃了第一口,其他野猪也跟着吃起来。这时我知道,我肯定能抓到它们了。

"第二天,我又多加了一点粮食,并在几尺远的地方竖起一块木板。那块木板像幽灵般暂时吓退了它们,但是那白吃的午餐很有诱惑力,所以不久它们又跑回来继续大吃起来。当时野猪并不知道它们已经是我的了。此后我要做的就是每天在粮食周围多竖起几块木板,直到我的陷阱完成为止。

"然后,我挖了一个坑立起了第一根角桩。每次我加进一些东西,它们就会远离一段时间,但最后都会再来吃免费的午餐。围栏造好了,陷阱的门也准备好了,而不劳而获的习惯使它们毫无顾虑地走进围栏。这时我就出其不意地收起陷阱,那些白吃午餐的猪就被我轻而易举地抓到了。"

这个故事的寓意很简单,一只动物要靠人类供给食物时,它的机智就会被取走,接着它就麻烦了。同样的情形也适用于人类。如果你想使一个人残废,只要给他一副拐杖,再等上几个月就能达到目的;换句话说,如果在一定时间内你给一个人免费的午餐,他就会养成不劳而获的习惯。别忘了，每个人在娘胎里就开始有被"照顾"的需求。

是的，我一直鼓励你要帮助别人，但是就像我经常告诉你的那样，如果你给一个人一条鱼，你只能供养他一天，但是你教他捕鱼的本领，就等于供养他一生。这个关于捕鱼的老话很有意义。

在我看来，资助金钱是一种错误的帮助，它会使一个人失去节俭、勤奋的动力，而变得懒惰、不思进取、没有责任感。更为重要的是，当你施舍一个人时，你就否定了他的尊严。你否定了他的尊严，你就抢走了他的命运，这在我看来是极不道德的。作为富人，我有责任成为造福于人类的使者，却不能成为制造懒汉的始作俑者。

任何一个人一旦养成习惯，不管是好或坏，习惯就一直占有了他。白吃午餐的习惯不会使一个人走向坦途，只能使他失去赢的机会。而勤奋工作却是唯一可靠的出路，工作是我们享受成功所付的代价，财富与幸福要靠努力工作才能得到。

在很久很久以前，一位聪明的老国王，想编写一本智慧录，以飨后世子孙。一天，老国王将他聪明的臣子们召集来，说："没有智慧的头脑，就像没有蜡烛的灯笼，我要你们编写一本各个时代的智慧录，去照亮子孙的前程。"

这些聪明人领命离去后，工作很长一段时间，最后完成了一本堂堂十二卷的巨作，并骄傲地宣称："陛下，这是各个时代的智慧录。"

老国王看了看，说："各位先生，我确信这是各个时代

第二十九封
天下没有白吃的午餐

的智慧结晶。但是，它太厚了，我担心人们读它会不得要领。把它浓缩一下吧！"这些聪明人又花费了很多时间，几经删减，完成了一卷书。但是，老国王还是认为太长了，又命令他们再次浓缩。

这些聪明人把一本书浓缩为一章，然后减为一页，再变为一段，最后则变成一句话。聪明的老国王看到这句话时，显得很得意。"各位先生，"他说，"这真是各个时代的智慧结晶，而且各地的人一旦知道这个真理，我们大部分的问题就可以解决了。"这句话就是"天下没有白吃的午餐"。

智慧之书的第一章，也是最后一章，就是"天下没有白吃的午餐"。如果人们知道出人头地要以努力工作为代价，大部分人就会有所成就，同时也将使这个世界变得更加美好。而白吃午餐的人，迟早会连本带利付出代价。

一个人活着，必须在自身与外界创造足以使生命和死亡有点尊严的东西。

爱你的父亲

第三十封
善用每个人的智慧

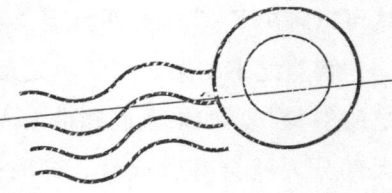

最能创造价值的人就是那彻底投身于自己最喜欢的活动的人。

忠于自己将使自己赢得人生中最伟大的一场战役。

不以自己的好恶为选拔人才的标准。

1912年11月

第三十封
善用每个人的智慧

亲爱的约翰：

你的来信令我非常兴奋，因为你读懂了总能助我成就事业的做事哲学：做你喜欢做的事，而其他的事，就交由喜欢做这件事的人去做。

对我来说，做喜爱的事是一项不容置疑的定论。它时刻都会提醒我，要领导下属出色完成任务，决不可依赖某些管理技巧，而是要采用一种更为宏观、更有效能的领导方式。

具体而言，就是不让下属拘泥在刻板、制式的工作职务上，而是想办法利用每个人的长处并诱发他们将热情倾注在工作之中，来成就出绝佳的生产力。这就是我的制胜之道。

我在读书时就记得这样一句话："最完美的人就是那彻底投身于自己最擅长的活动的人。"后来，经我改造，将其变为我管理上的一个理念：最能创造价值的人就是那彻底投身于自己最喜欢的活动的人。

我说过，每个人都有忠于自己的天性，都渴望成为自己想要成为的人，而他们实现忠诚自己的方式就是做自己喜欢做的事。遗憾的是，很多管理者并不善待雇员忠于自己的诉求，结果事倍功半。

其实这很好理解，如果你不将时间投入到你喜爱的事情上，你就绝不可能感到自我满足；如果你得不到自我满足，你就将失去生活的热情；如果你失去生活的热情，你就将失去生活的动力。指望一个失去工作动力的人去出色完成工作任务，就像指望一个停摆的闹钟去准确报时一样，可笑之极。

所以，我时刻不忘给予下属忠于自己的机会——燃烧他们的热情，让他们的特别才干发挥到极致，而我自己从中收获的，恰恰是财富与成就。忠于自己将使自己赢得人生中最伟大的一场战役，谁会放过这样的机会呢？

你要想成功利用下属的热情，你必须知道领导者的职责，不是要挖掘下属的弱点，而是要关注下属的优点与才干，并让这些优势充分发挥出来。我没有挑部属最脆弱的特质的习惯，却总要找寻他们最坚强的部分，让他们的才干充分展现在工作的挑战与需求上。例如，我重用阿奇博尔德先生。

与有些人不同，我不以自己的好恶为选拔人才的标准，我用人并不会看他身上贴着什么标牌，我看中的是他在工作中展示出来的能力。我喜欢自己的喜好，但更喜欢效率。

阿奇博尔德绝非完美的人，他嗜酒如命，而我却是个禁酒主义者。但是，阿奇博尔德却有着非凡的领导才华和天赋，他头脑机敏、乐观幽默，而他出众的口才和大胆好斗的性格无疑更是在激烈竞争中获胜的保证。所以在由对手变为合伙人之后，我一直对他兴趣浓厚，我不断委他以重任，直至提拔他接替我的职务。

他已经证明了自己是一名天才的领导者，他的职业生涯是那样特殊。如果他没有不好习惯的影响，他的成绩将更加突出。

善用每个人的智慧

我的目的是要在每位下属身上找出我所重视的价值,而不是那些我所不乐见的缺点。我找出每个员工值得重视的部分,并致力于将员工的优点转化成出色的才能,而不会试图修正他们的缺点。所以,我总是拥有健全能力、乐意奉献的部属。

约翰,没有人是无所不能的,现在你是一位管理者,你的成就依赖于你领导能力的发挥,依赖于你的下属做事才能的发挥。你需要知道,你的下属可挑剔的地方不胜枚举,但是你要专注于发掘每个人潜在的优点,注意他们在每个细节上的杰出表现,以及他们为了将事情做得出色,而对完美主义近乎苛求的坚持。这是你领导力的优势所在。

一个人不能主宰一个集体。我不否认领导者的巨大作用,但就整体而言取胜靠的是集体。我所取得的任何荣誉所依靠的都是集体的力量,而绝非我个人。也只有众人都付出努力,才能相信并期待奇迹的出现。

祝你好运!我的儿子。

爱你的父亲

第三十一封
让每一分钱都带来效益

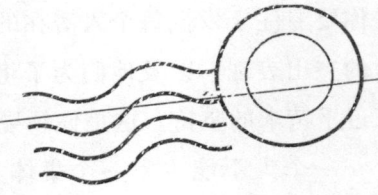

格言

　　创造力、自发精神和信念可以化不可能为可能。

　　没有想好最后一步，就永远不要迈出第一步。

　　每一分钱都要让它物有所值。

1914年

第三十一封
让每一分钱都带来效益

亲爱的约翰：

查尔斯先生永远地离开了我们，这让我很难过。作为上帝忠实的子民，查尔斯先生一直是位非常善良的富人。他乐善好施，不断用自己辛勤赚到的钱去救助那些处于贫困噩梦中的同胞。我相信上帝会在天堂笑迎他，因为他的仁爱和无私。

与真挚的灵魂相伴，是天赐的福气。我能有像查尔斯先生这样的合伙人，是我一生的荣幸。当然，查尔斯先生谨小慎微的性格常常导致他与我龃龉不断，但这丝毫不会夺走我对他的尊重。失去对高尚人的尊重，就是在剥夺自己做人的尊严。

当年，公司最高管理层有共进午餐的习惯，每到吃饭的时候，尽管我是公司第一人，我都会把象征公司核心的座位留给他，以示我对他正直人品的敬意。是的，这不足为道，高尚的道德本该受到褒奖。而就一个整体而言，虽然这只是很小很小的细节，但这样一个细节可能影响到整个公司，影响到公司的成绩。

事实上，标准石油公司的合伙人都是正直的人，我们个个知晓彼此尊重、信任、团结一心对合作有多么可贵和重要，我们努力使之变成现实。所以，即使出现分歧，我们只会直言不讳、就事论事，从不钩心斗角、搬弄是非。我相信，在这种纯洁的氛围中，即使有人心术不正，他也会把心

洛克菲勒
写给儿子的 38 封信

术不正的恶习留在家里。

但这只是标准石油公司强大到令对手敬畏的原因之一，而视精诚协作为我们的生命才是最重要的因素。在这方面，查尔斯先生身体力行，堪称表率。

作为公司的引领者，我在一次董事会上曾真诚倡议："我们是一家人，我们共享荣辱，我们坚强的手掌托起的是我们共同的事业。所以，我建议大家，请不要说我应该做什么，要说我们应该做什么。千万别忘了，我们是合作伙伴，无论做什么事都是为了我们大家的利益。"

我的发言感染了查尔斯先生，他第一个回应我："先生们，我听懂了，约翰的意思是说，比起'我'来说，'我们'更重要，我们是一家人！没错！是应该说'我们'！"

在那一刻，我看到了我们伟大的未来，因为我们已经开始忠于"我们"。别忘了，人人自私，每个人的天性都是忠于自己，"我"是每个人心中的宗教。当"我们"取代"我"的时候，它所焕发出的力量将难以估量。我所以能取得巨大成就，就在于我首先经营了人，所有的人。

我与查尔斯先生有着共同的信仰，我们都是虔诚的基督徒。我喜欢查尔斯先生最喜欢的一句格言："珍惜时间和金钱。"我一直认为这是一则凝聚着伟大智慧的箴言。我相信绝大多数的人都会喜欢它，却难以将其变成自己的思想信念和价值信条，并永远融入自己的血液中。

是的，无论一个人积储了多么丰富的妙语箴言，也无论他的见解有多高明，假如不能利用每一个确实的机会去行

第三十一封
让每一分钱都带来效益

动,其性格终不能受到良好的影响。失去美好的意图,终是一无所获。

几乎人人都知道,能否构筑幸福生活,能否实现成功,都与如何利用时间有关。然而,在很多人那里,时间是他们的敌人,他们消磨它,抹杀它;但如果谁偷走他们的时间,他们又会大发雷霆,因为时间毕竟是金钱,重要的时间还是生命。遗憾的是,他们就是不知道如何利用时间。

事实上,这没有哥伦布先生发现美洲那么难,重要的是我们要计划每一天,乃至每一刻,并知道该思考什么,该如何采取行动。计划是我们顺应每天情况而生活的依据,它能显示什么是可行的。而要制订完美的计划,首先要确认自己想要什么;还有,每项计划都要有措施,并要监督成果。能付诸行动、有成果的计划才是有价值的计划。当然,创造力、自发精神和信念可以化不可能为可能,并突破计划的限制,所以,不要自囿于计划之中。

每一刻都是关键,每一个决定都影响生命的过程,所以,我们要有下决心的策略。决心不宜下得太快,遇到重要问题时,如果没有想好最后一步,就永远不要迈出第一步。要相信总有时间思考问题,也总有时间付诸行动,要有促进计划成熟的耐心。但一旦做出决定,就要像斗士那样,忠实地去执行。

"赚钱不会让你破产",是查尔斯先生的致富圣经。在一次午餐会上,查尔斯先生公开了他的赚钱哲学。那天他用一种演讲家般的激情,激励了我们每个人。他告诉我们大

洛克菲勒
写给儿子的 38 封信

家：世界上有两种人永远不会富有：

第一种是及时行乐者。他们喜欢过光鲜亮丽的日子，像苍蝇叮咬臭肉那样，对奢侈品兴趣盎然。他们挥霍无度，竭尽所能要拥有精美的华服、昂贵的汽车、豪华的住宅，以及价格不菲的艺术品。这种生活的确迷人，但它缺乏理性，及时行乐者缺乏这样的警惕：他们是在寻找增加负债的方法，他们会成为可怜的车奴、房奴，而一旦破产，他们就完了！

第二种是喜欢存钱的人。把钱存在银行里当然保险，但和把钱冷冻起来没什么两样，要知道靠利息不能发财。

但是，有一种人会成为富人，比如在座的诸位，我们不寻找花钱的方法，我们寻找、培养和管理各种投资的方法，因为我们知道财富是可以拿来滋生更多的钱财。我们会把钱拿来投资，创造更多的财富。但我们还要知道，让每一分钱都能带来效益！这正如约翰一贯的经商原则——每一分钱都要让它物有所值。

查尔斯先生的演讲博得了热烈掌声，我被他燃烧起来，鼓掌时太过用力，以致饭后还觉得两个手掌在隐隐作痛。

如今，再也听不到那种掌声了，也没有鼓那种掌的机会。但"珍惜时间和金钱"一直与我相伴。我没有理由浪费生命，浪费生命就等于糟蹋自己，世界上没有比糟蹋自己更大的悲剧了。我也不把安逸和享乐看作生活目的的本身，因为我称其为"猪的理想"。

爱你的父亲

第三十二封
充实你的心灵

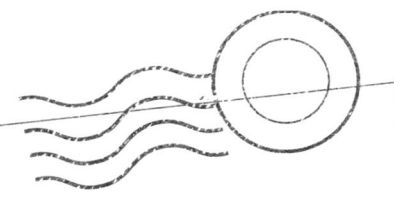

即使你要出卖心灵,也要卖给自己。

让我们学会既聪明又谦逊,既谦逊又聪明。

1914年8月

洛克菲勒
写给儿子的 38 封信

亲爱的约翰：

　　就像我们身体上有食欲一样，我们也有精神上的食欲。但许多人却常以没有时间为借口，总在使他们的心灵忍饥挨饿，也只在意外或偶然的情况下才充实它一下，却总忘不了满足他们脖颈以下的消费。

　　也许我的看法有些悲观，我们正处于无限制满足脖颈以下却在忽视脖颈以上需求的时代。事实上，你经常听到有人说"漏吃一顿午餐是件大事"，却听不到"你最后一次满足心灵饥渴是在什么时候"的声音，难道我们每个人都是精神富足者吗？显然不是。

　　在我们这个世界上，精神饥渴的人随处可见。那些生活在沮丧、消极、失败、忧郁中的人，他们都迫切需要精神的滋养和灵感的召唤，但他们几乎全都排斥再次充实他们的心灵，任由心灵黯淡无光。

　　如果空虚的头脑能像空虚的肚子一样，要填满一些东西才能让主人满足的话，那该有多好。可惜，没有这么便宜的事情，反要接受心灵空虚的惩罚。

　　心灵是我们每个人真正的家园，我们是好是坏都取决于她的抚育。因为进入这个家园的每一件东西都有一种效用，都会有所创造，为你的未来做准备，或者会有所毁灭，降低你未来可能的生命成就。例如积极。

　　每一个达到高峰或快达高峰的一流人物都是积极的，他

第三十二封 充实你的心灵

们之所以积极,是因为他们定期以良好、清洁、有力、积极的精神思想充实心灵。就像食物成为身体的营养一般,他们不忘每天的精神食粮。他们知道如果能充实颈部以上的部分,就永远不愁填饱颈部以下的部分,甚至不必忧愁老年的财务问题。

一个人必须找到自己的家,才不至于去流浪或沦为乞丐。首要的,即使你要出卖心灵,也要卖给自己。我们要接纳自己。我们必须清楚,人是上帝以自己的心意创造的,其地位仅次于天使。上帝不会设下有关年龄、教育、性别、胖瘦、肤色、高矮或其他任何表面上的限制。上帝也没有时间创造没用的人,更不会忽略每个人。其次我们要有积极的态度。

两年前,卡尔·荣格先生与我不期而遇时,这位心理学家给我讲过一个故事:

有一个人被洪水困住了,他只得爬到屋顶上避难。邻居中有人漂浮过来说道:"约翰,这次大水真是可怕,难道不是吗?"

约翰回答道:"不,它并不怎么坏。"

邻居有点吃惊,就反驳说:"你怎么说不怎么坏?你的鸡舍已经被冲走了。"

约翰说:"是的,我知道,但是六个月以前我已经开始养鸭了,现在它们都在附近游泳。每一件事情都还好。"

"但是,约翰,这次的水毁了你的庄稼。"邻居坚持说。

约翰回答说:"不,并不。我种的庄稼因为缺水而受损，就在上周还有人告诉我，我的土地需要更多的水，所以这下就解决了。"

那位悲观的邻居再次对满脸微笑的约翰说："但是你看，约翰，大水还在上涨。就要涨到你的窗户上了。"

乐观的约翰笑得更开心了，说道："我希望如此，这些窗户实在太脏，需要清洗一下。"

这听起来像个玩笑，但显然这是一种境界——决定以积极的态度来应对这个纷繁复杂、顺逆起伏的世界。一旦达到这种境界，即使遇到消极的情况，我们也能使心灵自动地做出积极的反应。为达到这种境界，我们只有充实、洁净我们的心灵。

每个人都能改变或被改变。荣格先生说，只要改变一个人的词汇，就能建立他的收入、他的享受，并改善他的生活，乃至改变他的人生。例如"恨"字，要把它从你的词汇中除去，不要想它，而是以写、感受与梦想"爱"字来代替它。显然，移去与取代的文字，几乎是永无止境的，但心灵却会在移取中变得更加纯净、积极。

我们的心灵是以供应她的事物而行动。我相信，放进心灵中的事物对我的未来非常重要。所以问题显然是，我们要怎样喂养我们的心灵——找什么时间去补充精神食粮。

你是否听到过伐木者的产量会下降，只因为他没有抽出时间来磨利他的斧头？我们花钱以及很多时间去修饰头脑的外表，刮胡须、理头发，我们有没有必要花同样的时间和金钱来化妆头脑的内部呢？当然有，而且可以做到。

第三十二封
充实你的心灵

事实上,精神食粮随处可得,例如书籍。经由伟大的心灵撞击而写成的书籍,没有一本不是洗涤并充实我们心灵的食粮,它们早已一劳永逸地为后人指明了方向,而我们可以从中任意挑选我们想要的。伟大的书籍就是伟大的智慧树,伟大的心灵之树,我们将在其中得以重塑。让我们学会既聪明又谦逊,既谦逊又聪明吧。

当然,我们不能读那些文字商人的书,他们的书有如瘟疫,散布无耻的邪念、讹误的消息和自负的愚蠢,他们的书只配捧在那些浅薄、庸俗的人的手里。我们需要的是能给我们带来行动的信心与力量,能够将我们的人生推到另一个新高度,和引导我们行善的书。例如《奋力向前》。

它是一部激荡我们灵魂、激发我们生命热情的伟大著作,我相信美国人民都将因它的问世而受惠,并因此以最积极的方式运用自身的力量,抵达梦想的生命之境。我甚至相信,谁错过读它的机会,谁就很可能错过伟大的人生。我希望我的子孙都能去读这本书,它能为所有的人开启幸福快乐之门。

引领人们爬向高峰的动力,是一种定期滋润与强调而日趋旺盛的驱动力。那些拥有成功人生的人,无疑地都能体会到,高峰有很多空间,但是没有足够的空间供人坐下停留。他们了解,心灵像身体一样,必须定期给予营养才行,身体、心理与精神方面的营养,都要分别照顾到。

约翰,没有谁可以阻挡我们回家的路,除非我们不想回来。让心灵之光照耀我们前进的路。

爱你的父亲

第三十三封
贪心大有必要

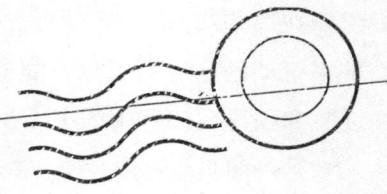

格言

　　命运要由自己去开创，真心希望的东西一定要想方设法去得到。
　　让每一个念头都服从于利益动机。
　　我是我生命的重心，我决定什么适合我。

1918年5月

第三十三封
贪心大有必要

亲爱的约翰：

不要理会说我贪心的那些人。

多少年来，我都在享受着这个在别人看来似乎并不太美妙的"颂扬"——贪心。这份对我特别的颂扬，最早出现在我的事业如日中天之时，那时洛克菲勒的名字已不再仅仅是代表一个人的符号，而是财富的象征，一个庞大的商业帝国的象征。

我记得当时有很多人、很多报纸都加入了如此"颂扬"我的行列。但这样的颂扬并没有让我的心跳加快，尽管我知道这样的颂扬无非是要诋毁我，无非是要为我创建的商业帝国刷上一层令人生厌的铜臭。

但我知道，在人的本性中早就潜藏着一种力量，一种丛生于缺少能力与意志之地的力量，那就是嫉妒。当你超越了他们的时候，他们就会嫉恨你，就会用带有贬义的字眼指责你，甚至编造谎言来诋毁你，同样在你面前还要表现得非常高傲——在我看来，那并非高傲，它恰恰是虚弱。有意思的是，当你远不如他们，生活得潦倒不堪时，他们又会讥笑你，讥笑你无能、愚蠢，甚至会把你贬低得没有任何做人的尊严。我的儿子，这就是人之本性！

上帝没有赋予我改变人类本性的使命，我也没有闲心去阻止某些人要"恭维"我贪心，我所能做的就是让嫉妒我的人继续嫉妒！尽管我知道，如果我能将我所创造的财富让那

洛克菲勒
写给儿子的 38 封信

些做如此恭维我的人带走，他们也将带走那份恭维，但我不能！我相信，除非中了什么魔法，任何人都不能！

绅士永远不会与无知者争辩，我当然不会同那些"恭维"我贪心的人论战，但我抑制不住蔑视他们无知的情绪。冷静地回溯历史，检视人类的脚印，我们就能得出这样的结论：没有一个社会不是建立在贪心之上。那些要诋毁我的人，看似道德的守望者，他们有谁不想独占自己拥有的东西？有谁不想掌控所有好的东西？有谁不想控制每个人都需要的一切？虚伪的人总是那些多。

没有不贪心的人。如果你有一颗橄榄，你就会想拥有一整棵的橄榄树。我行走于人世已近八十年，我见过不会吃牛排的人，却没有见过一个不贪心的人。尤其是在商界，功利、拜金的背后只印着一个单词，那就是贪心。我相信，在未来不贪心的人仍将是地球上的稀有者。谁会停止对美好事物的追求和占有呢。

阿奇博尔德先生说我是能够闻到终点线味道的赛马，一旦那样我便会开始冲刺。我知道这多少有点奉承我的味道，但在我心里，我的确早就给贪心留好了位置。

在我读商业学校时，我的一位老师说过一句让我终生难忘的话，这句话可以说改变了我的命运。他说："贪心没有什么不好，我认为贪心是件好事，人人都可以贪心。从贪心开始，才会有希望！"

当我的老师在讲坛上喊出这番极其煽动和刺激性的话语时，台下的同学们为之哗然。因为只要想一想"贪心"的意义，就知道这个字眼完全违背大多数人从小习得的道德观念。这种道德观融于宗教、社会、伦理、政治和法律等各个层面，它所具有的标尺般的作用，无疑要给这个字眼打上肮脏的烙印。

但当我走向社会、踏上创造财富之旅后，我才深深地认识到，那份学费花得真是值得，我老师的主张相当具有洞见。就像那些演讲家所告诉我们的那样，自然界不是仁慈、无私的地方，而是强者为王、适者生存的天地，我们这个所谓的文明社会也同样如此。如果你不贪心，或许你就会被别人贪掉，毕竟可口的甜点不是很多。

如果你想创造财富，创造非凡的人生，我的感受已不是"贪心是件好事"可以了得，而是贪心大有必要！

贪心的潜台词，就是我要，我要得到更多，独占才好！有谁不曾在心底做此呐喊？为政者会说，我要掌权，我要由州长再做总统。经商者会说，我要赚钱，我要赚更多的钱。为人父母者会说，我希望我的儿子能有所成就，永远过着富足、幸福的生活。诸如此类，不一而足。只是囿于道德、尊严，顾及脸面，人们才将贪心紧紧地遮掩起来，才使得贪心成为禁忌的观念。

事实上，只要追名逐利的世界一天不被毁灭，只要幸福一天不变得像空气那样唾手可得，人类就一天不能停止贪心。

那些爱扒粪的人，总是视贪心为恶魔。但在我看来，打开我们的贪心之锁，并不同于打开潘多拉盒子。释放出无时无刻不在跳动的贪心,就等于释放出了我们生命的潜能。我由一个周薪只有五美元的簿记员到今天美国最富有的人,是贪心让我实现了这个奇迹。贪心是推动我创造财富的力量,正如它是推动社会演进的强大动力一样。

在我使用"贪心"一词时,你或许希望我把它换成"抱负"。不,我们都处在一个贪心的世界之中,我认为使用"贪心"较使用"抱负"更纯朴。纯朴是灵魂中一种正直无私的素质,它与真诚不同,比真诚更高尚。

在与山姆·安德鲁斯先生合办石油公司之初,我的贪心就在膨胀,每天晚上在睡觉前,我都在忠告自己:我要成为克里夫兰最大的炼油商,让流淌的油溪化成一捆捆的钞票,我要让每一个念头都服从于利益动机,帮我成为石油之王。在最初的那段日子里,我事必躬亲,终日劳碌。我指挥炼油,组织铁路运输,苦思冥想如何节省成本,如何扩大石油副产品市场。我永远忘不了那段让我忍饥挨饿、夜以继日奔波在外的日子。

我的儿子,命运要由自己去开创,真心希望的东西一定要想方设法去得到。成功与失败的间距并不像人们想象的仅仅是一念之差而已。那是看谁有强烈的贪心,谁具有这种力量,谁就能焕发并施展出自己的全部力量,尽力而为,超越自己。我每一个前进的步伐都能让我感受到贪心的力量!贪心不仅能让一个人的能力发挥到极致,也逼得他献出一切,排除所有障碍,全速前进。

很多人都曾问我同一个问题:"洛克菲勒先生,是什么

第三十三封
贪心大有必要

支持你走上了财富之巅?"我不能表露真实心声,因为贪心为人们所不齿。然而,事实是支撑我成为一代巨富的支架,就是我唤起了我的贪心,更膨胀了我的贪心。

每个人的内心都深藏着一颗活泼、灵敏、有力量的贪心。但你必须热爱她,告诉自己我要贪心,叮嘱自己我要,我要得到更多,她才会出来玩耍,助你成功。

没有任何力量可以阻止我解禁贪心,因为我追求成功。贪心之下实现的成功并非罪恶。成功是一种高尚的追求,如果能以高尚的行为去获得成功,对人类的贡献会远比贫困时做得更多,我做到了!

看一看今天我们所做的善举吧,将巨额财富投向教育、医学、教会和那些穷困的人,绝不是我一时心血来潮的个人施舍,那是一项伟大的慈善事业,世界正因为我的成功而变得美好。看来贪心很不错,更不是罪恶。

就此而言,如果那些说我贪心的人不是出于诋毁我的目的,我会欣然接受他们对我做出的如此评判。

约翰,我是我生命的重心,我决定什么适合我,所以我不在乎那些人说什么,我的心依然安宁。在有些人那里我似乎永远都是一个动机卑鄙的商人,即使我投资于惠泽民众的慈善事业,也会被他们视为一种诡计,怀疑我有追逐私利的动机,而丝毫看不到我无私的公益精神,更有甚者说我如此乐善好施是为什么赎罪。这真是滑稽。

我想非常真诚地告诉你,你的父亲永远不会让你感到羞愧,装在我口袋里的每一分钱都是干净的。我之所以成为富

洛克菲勒
写给儿子的 *38* 封信

人，是我运用超群的心智和强烈的事业心得到的回报。我坚信上帝赏罚分明，我的钱是上帝赐予的。而我之所以能一直财源滚滚，如有天助，这是因为上帝知道我会把钱返还给社会，造福我的同胞。

到我该去读《圣经》的时间了。今晚的夜色真美，每颗明亮的星星都似乎在说："干得好！约翰。"

爱你的父亲

第三十四封
地狱里住满了好人

我不喜欢钱，我喜欢的是赚钱。
我的信念是抢在别人之前达到目的。
傲慢通常会让人垮台。

1918年8月

洛克菲勒
写给儿子的 38 封信

亲爱的约翰：

今天，在去打高尔夫的路上，我遇到了久违的挑战：一个年轻人开着他那部时髦的雪佛兰高傲地超过了我的车子。他刺激了我这个老头子好胜的本性，结果他只能看我的车屁股了。这让我很高兴，就像我在商场上战胜我的竞争对手一样的高兴。

约翰，好胜是我永不磨损的天性，所以我说那些谴责我贪欲永无止境的人都错了。事实上我不喜欢钱，我喜欢的是赚钱，我喜欢的是胜利时刻的美好感觉。

当然，让别人输掉的感觉有时会触动我的恻隐之心。但是，经商是一场严酷的竞争，没有什么东西比决心迫使别人出局更无情的了。可是你只能想方设法战胜对手，才能避免失败的悲惨命运。有竞争出现的地方，都是这样。

不可否认，想要成功，几乎多多少少都得牺牲别人。然而，如果你追求胜利，希望赢得胜利，就必须抗拒同情别人之类的念头，不能只想当好人，不能保留实力，不能逃避或延后让对手出局。要知道，地狱里住满了好人，失败的痛苦是商战的一部分，我们彼此都在扼杀对手，没有竞争奋斗到底的决心，就只有做失败者的资格。

坦率地说，我不喜欢竞争，但我努力竞争。每当遇到强劲的对手时，我心中竞争好胜的本性就会燃烧，而当它熄灭时，我收获的是胜利和快乐。波茨先生就曾为我带来这种快

第三十四封
地狱里住满了好人

感,而且巨大。

与波茨先生开战,缘于我的一个错误,一个因好心而酿成的错误。在七十年代,石油都集中在宾州西北部一个不大的地方。如果在那里建设一张输油管道网络,将个个油井连接起来,我只需要借助一个阀门,便可以控制整个油区的开采量,从而彻底独霸这一行业。可是我担心,用管道长途运输会引起与我合作的铁路公司的不安与恐惧,所以为维护他们的利益,我一直没有启动铺设输油管道的计划,更何况他们都曾帮助过我。

但是,那个曾经耍过我又与我妥协了的宾州铁路公司却野心勃勃,他们努力想取代我,要将炼油业彻底置于他们的掌控之中。他们把油区两条最大的输油管道并入了自己的铁路网络,要以此卡住我们的脖子。而肩负完成这一使命的人,就是宾州铁路的子公司帝国运输公司的总裁波茨先生。

坐视对手,哪怕是潜在的对手的实力增强,都是在削弱自己的力量,甚至会颠覆自己的地位,我可没那么愚蠢。我的信念是抢在别人之前达到目的。我迅速起用精明强干的奥戴先生组建了美国运输公司,与帝国公司展开了一场自卫反击战。感谢上帝,我们的努力获得了应有的回报,不出一年,我们控制了油区四成的石油运输业务,压制住了波茨先生的进攻。但这只是我与波茨先生较量的开始。

在这个世界上能出人头地,都是那些懂得去寻找自己理想环境的人,如果他们不能如愿,就会自己创造出来。

两年后,在宾州布拉德福德又发现了一个新油田。奥戴

洛克菲勒
写给儿子的 38 封信

先生迅速带领他的人扑向那个激起千万人发财梦想的地方，不分昼夜把输油管道铺向新油井。但油田的那帮家伙个个都很疯狂，毫无节制，恨不得一夜之间就把石油全部采光，然后面带喜悦揣着钞票走人。所以，不管奥戴他们怎么努力，都无法满足运输和储存石油的需要。

我不想看到辛辛苦苦的采油商们自掘坟墓，毁灭自己。我请奥戴警告采油商，他们的开采能力已经远远超过了我们的运输能力，他们必须缩减生产量，否则，他们开采出来的黑金就将变成一文不值的黑土。但没有人接受我们的好意和忠告，更没有人欣赏我们的努力，反而声讨我们，说竟敢不运走他们的石油。

就在布拉德福德的采油商们情绪激动到顶点的时候，波茨先生动手了。他先在我们的炼油基地纽约、费城、匹兹堡向我示威，收购我们竞争对手的炼油厂；接着，又开始在布拉德福德抢占地盘，铺设输油管道，要将布拉德福德的原油运到自己的炼油厂。

我很欣赏波茨先生的胆量，更愿意接受他想动摇我在炼油业的统治地位而发起的挑战，但我必须将他赶出炼油行业。

我首先拜会了宾州铁路公司的大老板斯科特先生，我直言不讳地告诉他，波茨先生是个偷猎者，他正在闯入我们的领地，我们必须让他停下来。但斯科特非常固执，决心让波茨的强盗行为继续下去。我没有选择，我只能向这个强大的敌人应战。

首先，我们终止了与宾铁的全部业务往来，我指示部属

第三十四封
地狱里住满了好人

将运输业务转给一直坚定地支持我们的两大铁路公司,并要求他们降低运费,与宾铁竞争,削弱它的力量;同时命令关闭在匹兹堡依赖于帝国公司运输的所有炼油厂;随后指示所有处于与帝国公司竞争的己方炼油厂,以远远低于对方的价格出售成品油。宾铁是全美最大的运输公司,斯科特先生是握有运输大权的巨头,他们以从未被征服为荣。但在我立体、压迫式的打法下,他们只有臣服。

为与我对抗,他们忍痛给予我们的竞争对手巨额折扣,换句话说,他们为别人服务还要付给别人钱。接着他们使出了不得人心的一招——裁减雇员、削减工资。斯科特和波茨没有想到,这很快招致了惩罚,愤怒的工人们为发泄不满,一把大火烧了他们几百辆油罐车和一百多辆机车,逼得他们只得向华尔街银行家们紧急贷款。结果,当年宾铁的股东们非但没有分得红利,而且股票价格一落千丈。他们与我决斗的结果,就是他们的口袋越来越干净。

波茨先生不愧是个军人,在你死我活的硝烟中拼出了上校的军阶,有着令人钦佩的不屈不挠的意志力。所以,在已经分胜负的情况下,他还想继续同我战斗下去。但同样有着军旅生涯的斯科特先生,尽管此前曾是最有统治欲、最独裁的实力派人物,但他更懂得什么叫识时务,他果断地低下了他不可一世的脑袋,派人告诉我,非常希望讲和,停止炼油业务。

我知道,波茨上校想要证明自己是伟大的摩西,可惜他失败了,他彻底失败了。几年后,波茨放弃了与我对抗的欲望，成为我下属一个公司积极勤奋的董事。这个精明又狡猾得像油一样的商人！

傲慢通常会让人垮台。斯科特和波茨之流自以为出身高贵，一直目空一切，所以，成功驯服这些傲慢的家伙，我的心都在跳舞。

约翰，我喜欢胜利，但我不喜欢为追求胜利而不择手段。不计代价获得的胜利不是胜利，丑恶的竞争手段让人厌恶，那等于画地为牢，可能永远无法超越，即使赢得一场胜利，也可能失去以后再获胜的机会。

而循规蹈矩不表示必须降低追求胜利的决心，却表示可以用合乎道德的方式去赢得明确的胜利，也表示在这种限制下，可以全力公平、无情地追求胜利。我希望你能做到这一点。

爱你的父亲

第三十五封
将部属放在第一位

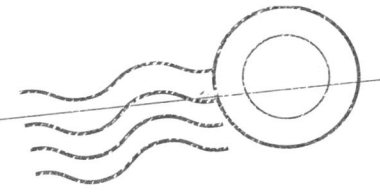

始终把为我卖命的雇员摆在第一位。

给予人们应得的尊重,他们就能将潜能彻底发挥。

1925年

洛克菲勒
写给儿子的 *38* 封信

亲爱的约翰：

想象一下这样的场面：一位交响乐团的指挥，准备让买票进场的观众欣赏一场高水准的演出，但是他却转身面向观众，留下音乐家们独自奋战、辛苦演奏，结果会怎么样？

是的！这注定是一场最糟糕的音乐会。因为指挥没把音乐家放在眼里，后者就会用消极怠惰来"感谢"他，并搞砸一切。

每个雇主就像是乐团的指挥，他做梦都想激励、调动起所有雇员的力量，使之尽可能多地做出贡献，帮助他演奏出赚钱的华丽乐章，让他赚到更多、更多的钱。然而，对许多雇主而言，这注定是一场难以实现的梦，因为他们就像那位愚蠢的指挥，忘了善待雇员，以致轻松地关闭了雇员们情愿付出的大门。

同他们一样，我期望所有的雇员都能像忠实的仆人那样，全心全意为我做出更多的贡献。但是，我比他们聪明许多，我非但不会无视雇员的存在，反而会认真看待他们。准确地说，在我的脑子里始终把为我卖命的雇员摆在第一位。

真心而言，我没有理由不善待那些用双手让我钱袋儿鼓起来的雇员，我没有理由不去感激他们为我做出的努力与牺牲，更何况我们这个世界本该充满温情。

我爱我的雇员，我从不高声斥责、侮辱谩骂他们，也不会像某些富人那样在他们面前盛气凌人、不可一世，我给予

第三十五封
将部属放在第一位

雇员的是温情、平等与宽容。所有这些合成一个词就叫"尊重"。尊重别人是满足我们道德感的需要,但我发现它还是激发雇员努力工作的有效工具。标准石油公司的每个雇员都为公司竭尽全力工作的事实让我坚信:给予人们应得的尊重,他们就能将潜能彻底发挥。

人性最基本的一面,就是渴望获得慷慨。我本人勤俭自持,却从未忘记要慷慨相助他人。记得那次经济大萧条时,我曾数次借债来帮助那些走投无路的朋友,让他们的工厂和家人平安度过了危机。而在我的记忆中,我从无催债和逼债的记录,因为我知道心地宽容的价值。

至于对雇员,我同样慷慨、体恤,我不但发给他们比任何一家石油公司都要高的薪金,还让他们享受保证他们老有所终的退休金制度,我还给予他们每年约见老板要求为自己加薪的机会。我不否认付出慷慨的功利作用,但我更知道我的慷慨将换来雇员生活水准的提升,而这恰恰是我的职责之一,我希望每一个为我做事的人都因我而富有。

雇主就是雇员的守护神,雇员的问题就是我的问题。我握有选择权,我可以选择忽略他们的需求,也可以选择满足他们的需求,但我喜欢选择后者。我总是试图了解雇员需要什么,接着就是想办法满足他们的需求。我不断询问他们两个问题:"你需要什么?"和"我可以帮上什么忙?"我随时都在旁边关心他们。对我来说,这个职务最大的乐趣之一,就是我能对雇员提供一臂之力。

薪水和奖金相当诱人,然而对一些人来说,金钱并不能引发他们效命的动机,但给予重视却能达到这个目的。在我看来,每个人都渴望被认为有价值、受到重视、赢得他人的尊重,每个人的脖子上都挂着一个无形的标志,上头写着:重视我!

我无法想象一个人在工作或在家庭中不被重视的痛苦,我的目的是要让每个人在工作时都能如沐春风。所以,我就像个要侦查出破案线索的侦探,不停地搜索每个雇员对他自己感到自豪的才能。当我了解他们认为自己最值得重视的才能后,我就会给予他们重任。一个善于激励雇员做出最大贡献的雇主,时刻不应忘记,要让雇员看到追随或效忠你是有希望和前途的,而给予重视、委以重任其实也是能让雇员有动机在工作上打拼的关键。

做和善、温暖、体贴的雇主,可以使雇员精力充沛,士气高昂。但对雇员时常表示谢意,似乎也很有作用。没有一位雇员会记得五年前得到的奖金,但是有许多人对雇主的溢美之词会永远铭记在心。我会不吝表达心中的感激之情。没有一件事的影响力,比及时而直接的感谢来得更为深远。

我喜欢在部属桌上留一张便条纸,上头写着我的感谢词。对于我花一两分钟信手写来的感激之语,可能早已不复记忆,但是我的感激之意却会产生鼓舞人心的影响。经过多少年后,他们还都能记得我这个慈爱的领导者留给他们的温暖鼓励,并视其为一个珍贵的箴言。这就是一则简单的感谢声明能够展现强大力量的另一个明证。

我绝对会认真看待我的部属,以及他们在工作或个人

方面的问题。我了解每个人能付出的毕竟有限，因此当我尽力为部属解决问题的同时，相对地，他们就可以做出更多的贡献。

约翰，现在你已经是一位领导者，你的成就来自于你的能力，也来自于雇员们能力的发挥，我相信你应该知道怎么做。

爱你的父亲

第三十六封
你手中握有成功的种子

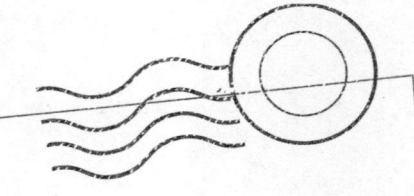

格言

我就是我最大的资本！

每一个渴望成功的人都应该认识到，成功的种子就撒在他自己身边。

1926年3月

第三十六封
你手中握有成功的种子

亲爱的约翰：

昨天，就在昨天，我收到了一个立志要成为富翁的年轻人的来信。他在信中恳请我回答一个问题：他缺少资本，他该如何去创业致富？

上帝呀，他是想让我指明他生命的方向。可是教诲他人似乎不是我的专长，而我又无法拒绝他的诚恳，这真令人痛苦。但我还是回信告诉他，"你需要资本，但你更需要常识。常识比金钱更重要"。

对于一个要去创业的贫寒之子而言，他们常常苦恼于缺少资本。如果他们再恐惧失败，他们就将犹疑不决，像蜗牛般缓慢行进，甚至止步于成功之路，而永无出人头地之时。所以，我在给那个年轻人的回信中特别提醒他：

"从贫穷通往富裕的道路永远是畅通的，重要的是你要坚信：我就是我最大的资本。你要锻炼信念，不停地探究迟疑的原因，直到信念取代了怀疑。你要知道，你自己不相信的事，你无法达成；信念是带你前进的力量。"

每一个渴望成功的人都应该认识到，成功的种子就撒在他自己身边。只要认识到这一点，他就能获得想要得到的东西。在信中我给那个年轻人讲了一个阿拉伯人的故事，我相信这个故事定将惠泽他，乃至所有的人。

那个给我讲述这个故事的人是这样告诉我的：

从前有个波斯人，名叫阿尔·哈菲德，住在离印度河不远的地方，他拥有一大片兰花园、数百亩良田和繁盛的园林。他是个知足的人，而且十分富有——因为他很富有，所以他十分知足。有一天，一位老僧人来拜访他，坐在火炉边对他说："你富有，你也生活得安逸，但是，你如果有满满一手钻石，你就可以买下整个国家的土地。要是你能拥有一座钻石矿，你就可以利用这笔巨富的影响力，把孩子送上王位。"

哈菲德听了老僧人这番极具诱惑力的话之后，当天晚上上床时，他就变成了一个穷人——不是因为他失去了一切，而是他开始变得不满足，所以他觉得自己很穷；也因为他认为自己很穷，所以得不到满足。他想："我要一座钻石矿。"所以，他整夜都难以入睡。第二天一大早他就跑去找那位僧人。

老僧人一大早就被叫醒，非常不高兴。但哈菲德完全不顾及这些，他满不在乎地把老僧人从睡梦中摇醒，对他说："你能告诉我什么地方可以找到钻石吗？"

"钻石？你要钻石做什么？"

"我想要拥有庞大的财富，"哈菲德说，"但我不知道哪里可以找到钻石。"

"哦，"老僧人明白了，他说，"你只要在山里面找到一条在白沙上穿流的河，就可以在沙子里找到钻石。"

"你真的认为有这样一条河吗？"

"多得很，多得很！你只要出去寻找，一定会找到。"

"我会的。"哈菲德说。

第三十六封
你手中握有成功的种子

于是，哈菲德卖掉农场，收回借款，把房子交给邻居看管，就出发寻找钻石去了。

哈菲德先是去了月光山区寻找，而后到了巴勒斯坦，接着又跑到欧洲。最后他花光了身上所有的钱，变得一文不值。他如同乞丐般站在西班牙巴塞罗那海边，看到一道巨浪越过赫丘力士石柱汹涌而来，这个历经沧桑、痛苦万分的可怜虫，无法抵抗纵身一跳的诱惑，就随着浪峰跌入大海，终结了一生。

在哈菲德死后不久，他的财产继承人拉着骆驼去花园喝水。当骆驼把鼻子伸到花园那清澈见底的溪水中时，那个继承人发现，在浅浅的溪底白沙中闪烁着奇异的光芒，他伸手下去，摸到一块黑石头，石头上面有一处闪亮的地方，发出了彩虹般的色彩。他将这块怪异的石头拿进屋子，放在壁炉的架子上，又继续去忙他的工作，完全忘记了这件事。

几天后，那个告诉哈菲德在哪里能找到钻石的老僧人来拜访哈菲德的继承人。他看到架子上的石头发出的光芒，立即奔过去，惊讶地叫道："这是钻石！这是钻石！哈菲德带回来的吗？"

"没有，他还没有回来，而且那也不是钻石，那不过是一块石头，是我在我家的后花园里发现的。"

"年轻人，你发财了！我认识钻石，这真的是钻石！"

于是，他们一起奔向花园，用手捧起溪底的白沙，发现许多比第一颗更漂亮、更有价值的钻石。

这就是人们发现印度戈尔康达钻石矿的经过。那是人类历史上最大的钻石矿，其价值远远超过南非的金百利。英王皇冠上镶嵌的库伊努尔大钻石，以及那颗镶在俄皇王冠上的世界第一大钻石，都是采自那座钻石矿。

约翰，每当我记忆起这个故事，我就不免为阿尔·哈菲德叹息。假如哈菲德能留在家乡，挖掘自己的田地和花园，而不是去异乡寻找，他也就不会沦为乞丐，贫困挨饿，以至跃入大海而亡。他本来就拥有遍地的钻石。

并非每一个故事都具有意义，但这个阿拉伯人的故事却给我带来了宝贵的人生教诲：你的钻石不存在于遥远的高山与大海之间，如果你决心去挖掘，钻石就在你家后院。重要的是要真诚地相信自己。

每个人都有一定的理想，这种理想决定着他的努力和判断的方向。就此意义而言，我以为，不相信自己的人就和窃贼一样。因为任何一个不相信自己，而且未充分发挥本身能力的人，可以说是向自己偷窃的人；而且在这个过程中，由于创造力低落，他也等于是从社会偷窃。由于没有人从他自己那里故意偷窃，那些向自己偷窃的人，显然都是无意中偷窃了。然而这种罪状仍很严重，因为其所造成的损失，和故意偷窃一样大。

只有戒除这种向自己偷窃的行为，我们才能爬向高峰。我希望那个渴望发财的年轻人，能思索出其中所蕴含的教诲。

爱你的父亲

第三十七封
就要做第一

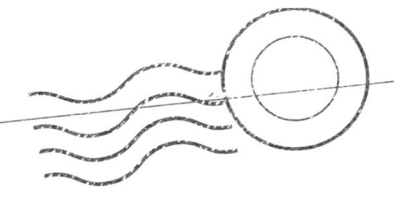

 格言

财富与目标成正比。

一个人不是在计划成功,就是在计划失败。

对我来说,第二名和最后一名没有什么两样。

1931年5月

洛克菲勒
写给儿子的 *38* 封信

亲爱的约翰：

"没有野心的人不会成就大事。"这是我那位汽车大王朋友——亨利·福特先生昨天来看我时向我吐露的成功秘密。

我非常敬佩这个来自密西根的富豪，他是一个执着又坚毅的家伙。他几乎与我有着同样的经历，做过农活儿，当过学徒，与人合伙开办过工厂，通过奋斗最终成为这个时代全美最富有的人之一。

在我看来，福特先生是一个新时代的缔造者。没有任何一个美国人能像他那样，完全改变了美国人的生活方式。看看大街上往来穿梭的汽车，你就知道我绝非在恭维他，他使汽车由奢侈品变为了几乎人人都能买得起的必需品。而他创造的奇迹也把他变成了亿万富翁。当然，他也让我的钱袋鼓起了很多。

人活着就得有目标或野心，否则，他就像一艘没有舵的船，永远漂流不定，只会到达失望、失败与丧气的海滩。福特先生的野心超过了他的身高，他要缔造一个人人都能享用汽车的世界。这似乎难以想象，但他成功了，他成了全球小汽车市场的主人，并为福特公司赚得了惊人的利润。用这个家伙的话说，"那不是在制造汽车，那简直是在印刷钞票"。我不难想象，既腰缠万贯，又享有"汽车大王"的盛誉，福特是怎样一个好心情。

福特创造的成就，证明了我的一个人生信条：财富与目

第三十七封
就要做第一

标成正比。如果你胸怀大志、目标高远，你的财富之山就将耸向云霄。如果你只想得过且过，那你就只有做末流鼠辈的份儿了，甚至一事无成，即使财富离你近在咫尺，你只会获得很少的一点点而已。在福特成功之前，有很多汽车制造商都比他有实力得多，但他们当中破产的人也很多。

人被创造出来是有目的的，一个人不是在计划成功，就是在计划失败。这是我一生的心得。

我似乎从不缺少野心，从我很小的时候开始，要成为最富有的人，就一直是我冲动着的抱负与梦想。这对一个穷小子来说，好像有些过大。但我认为目标必须伟大才行，因为要想有成就，必须有刺激，伟大的目标能使你发挥全部的力量，也才会有刺激。失去刺激，也就等于没有了一股强大的力量推动你向前。不要做小计划，因为它不能激励心灵，我经常这样提醒自己。

当然，成为伟大的机会并不像湍急的尼亚加拉大瀑布那样倾泻而下，而是慢慢地一次一滴。伟大与接近伟大之间的差异就是领悟到，如果你期望伟大，你必须每天朝着目标努力。

但对于一个穷小子而言，如何才能将这个伟大的梦想变成可触摸的现实呢？难道靠努力为别人工作来实现它吗？这是个愚蠢的主意。

我相信为自己勤奋会致富，但不相信努力为别人工作就一定成功。在我住进百万富翁大街前，我就发现，在我身边，很多穷人都是工作最努力的人。现实就是如此残酷，不

洛克菲勒
写给儿子的 38 封信

管雇员努力与否，替老板工作而变得富有的人少之又少。替老板工作所得的薪金，只能在合理预期的情况下让雇员活下去，尽管雇员可能会赚到不少钱，但变得富有却很难。

我一直视"努力工作定会致富"为谎言，从不把为别人工作当作积累可观财富的上策，相反，我非常笃信为自己工作才能富有。我采取的一切行动都忠于我的伟大梦想和为实现这一梦想而不断达成的各个目标。

在我离开学校、寻找工作的时候，我就为自己设定了一个目标：要到一流的公司去，要成为一流的职员。因为一流的公司会给我一流的历练，塑造我一流的能力，让我长到一流的见识，还会让我赚到一笔丰厚的薪金——那是开创我未来事业的资本，而这一切无疑是我通往成功之路的最坚实的基石。

当然，在大公司做事，能让我以大公司的方式思考问题，这一点很重要。所以，我仰慕大公司，我要去的是高知名度企业。

这注定要让我吃些苦头。我先到了一家银行，很不走运，被拒绝了；我又去了一家铁路公司，结果仍是悻悻而归。当时的天气似乎也要跟我作对，酷热难耐。但我不顾一切，继续不停地寻找。那段日子，寻找工作成了我唯一的职业，每天早上八点，尽我所能地把自己打扮一番，就离开住地开始新一轮的预约面试。一连几个星期，我把列入名单的公司跑了一遍，结果仍一无所获。

这看起来很糟，不是吗？但没人能阻止你前进的道路，

第三十七封
就要做第一

阻碍你前进最大的人就是你自己，你是唯一永久能做下去的人。我告诫自己：如果你不想让别人偷走你的梦想，那你就在被挫折击倒后立即站起来。我没有沮丧、气馁，连续的挫折反而更坚定了我的决心。我又径直从头开始，一家一家地跑，有几家公司甚至让我跑了两三次。

上帝终未将我抛弃，这场不屈不挠的求职之旅终于在6个星期后的一个下午结束了，1855年9月26日，我被休伊特—塔特尔公司雇用。

这一天似乎决定了我未来的一切。直到今天，每当我问起自己，要是没有得到那份工作会怎么样时，我常常会浑身颤抖不停。因为我知道那份工作都给我带来了什么，失去它我又将如何。所以，我一生都把9月26日当作"重生日"来庆祝，对这一天抱有的情感远胜过我的生日。

写到这儿，我自己都被自己感动了。

人在功能上就像是一部脚踏车，除非你向上、向前朝着目标移动，否则你就会摇晃跌倒。三年后我带着超越常人的能力与自信，离开了休伊特—塔特尔公司，与克拉克先生合伙创办克拉克—洛克菲勒公司，开始了为自己工作的历史。

愚蠢的努力工作很可能在百般辛苦之后仍一无所获，但是，如果将替老板努力工作视为铸就有朝一日为自己效劳的阶梯，那无疑就是创造财富的开始。给自己当老板的感觉真是棒极了，简直无以言表。当然，我不能总沉浸在年方18岁就跻身贸易代理商行列的得意之中。我告诫自己："你的前程就系于一天天过去的日子，你的人生终点是全美首富，你距离那里还很远很远，你要继续为自己努力。"

做最富有的人，是我努力的依据和鞭策自己的力量。在过去的几十年中，我一直是追求卓越的信徒，我最常激励自己的一句话就是：对我来说，第二名和最后一名没有什么两样。如果你理解了它，你就会认为，我以无可争辩的王者身份统治了石油工业不足为奇。

我们每一个人都生活在希望之中，但我更多的是生活在目标的达成之中。我的人生目标就是要成为第一，这也是我设法定出并努力遵守的人生规划，我所付出的所有努力和行动，都忠于我的人生目标、人生规则。

上帝赋予我们聪明的头脑和坚强的肌肉，不是让我们成为失败者，而是让我们成为伟大的赢家。二十年后的今天，联邦法院解散了我们那个欢乐的大家庭，但每当想起我创造的成就，我就兴奋不已。

伟大的人生就是征服卓越的过程，我们必须向这个目标前进，不怕痛苦，态度坚决，准备在漫长的道路上跌跤。

爱你的父亲

第三十八封
冒险才能利用机会

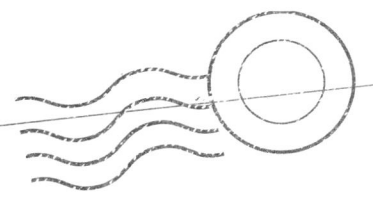

风险越高,收益越大。

你拥有的东西越多,力量就越大。

想获胜必须了解冒险的价值,而且必须有自己创造运气的远见。

1936年2月

洛克菲勒
写给儿子的 38 封信

亲爱的约翰：

明天，也许等不到明天，就有一个人要过上富人生活了。报上说他叫大卫·莫里斯，与美国独立战争时期的财政总监、费城商业王子罗伯特·莫里斯先生同姓。他刚刚在赌场上交了好运，赢了一大堆钱，还说他是一位赌场上的高手。同时登出了这位赌徒的一句人生格言：好奇才能发现机会，冒险才能利用机会。

你知道，我对嗜赌的人一向不以为然，但对这位先生却不能不刮目相看。我甚至相信，以他这等近于哲学家般的智慧和头脑，如能投身商界，他或许会成为一个职业上的成功者——一个优秀的赌徒了。

我做如此带有欣赏性的假设，并不是说优秀的赌徒就会成为优秀的商人。事实上，我厌恶那些把商场视为赌场的人，但我不拒绝冒险精神，因为我懂得一个法则：风险越高，收益越大。而驰骋商海，对每一个人来说，都是生活提供给他的最伟大的历险活动。

我的人生轨迹就是一趟丰富的冒险旅程。如果让我找出哪一次冒险对我最具决定性、最关乎我的未来，那莫过于打入石油工业了。

在投资石油工业前，我们的本行——农产品代销正做得有声有色，继续下去我完全有望成为大中间商。但这一切让那位安德鲁斯先生改变了，他是照明方面的专家，他告诉我：

第三十八封
冒险才能利用机会

"约翰,煤油燃烧时发出的光亮比其他任何照明油都亮,它必将取代其他的照明油。想想吧,约翰,那将是多么大的市场,如果我们的双脚能踩进去,那将是怎样的一个情景啊!"

你拥有的东西越多,力量就越大。机会来了,放走它不仅仅损失金钱,还削弱你在致富竞技场上的力量。我告诉安德鲁斯:我干!我们投资四千块钱,对我们来说那可是一笔大钱,好大一笔钱呐,做起了炼油生意。钱投下去,我就不去考虑失败,尽管那个时候石油在造就许多百万富翁的同时,它也在使更多人沦为穷光蛋。

我一头扎进炼油业,苦心经营,不到一年,炼油为我们赢得了超过农产品的利润,成为公司第一大生意。在那一刻我意识到,是胆量,是冒险精神,为我开通了一条新的生财管道。

当时没有哪一个行业像石油业那样能一夜暴富,这样的前景大大刺激了我赚大钱的欲望,更让我看到了盼望已久的大展宏图的机会。我告诫自己:"你一定要紧紧抓住它,它可以把你带到梦想之境。"

但我随后大举扩张石油业的经营战略,令我的合伙人克拉克先生大为恼怒。克拉克是一个无知、自负、软弱、缺乏胆略的人,他害怕失败,主张采取审慎的经营策略,这与我的经营观念完全背离。在我眼里,金钱像粪便一样,如果你把它散出去,就可以做很多的事。但如果你要把它藏起来,它就会臭不可闻。克拉克不是一个好商人,他不知道金钱的真正价值。

当我们对重要的事情漠然以对时,我们的人生也就走到了穷途末路。克拉克已经成了我成功之路上的绊脚石,我必

洛克菲勒
写给儿子的 38 封信

须踢开他——和他分手。这是一个重要时刻。

想获胜必须了解冒险的价值，而且必须有自己创造运气的远见。对我来说，与克拉克先生分手无疑是一场冒险。在我决定豁出一切大举进入石油业之前，我必须确信石油不会消失。在那个时候，很多人都认为石油是一朵盛开的昙花，难以持久。我当然希望油源不会枯竭，而一旦没有了油源，那些投资将一文不值，我的下场可能连赌场上的赌徒都不如。但我收到的信息让我乐观，油源不会消失。是说分手的时候了。

在向克拉克先生摊牌前，我先在私下把安德鲁斯先生拉了过来，我跟他说："我们要走运了，有一笔大钱在等着我们，那可是一笔大钱。我要终止与克拉克兄弟的合作，如果我买下他们的股份，你愿意和我一起干吗？"安德鲁斯没有让我失望。几天后，我又拉到几家支持我的银行。

那年二月，在经过一系列准备之后，我向克拉克先生提出分手，尽管他很不情愿，但我去意已决。最后，我们大家商定把公司拍卖给出价最高的买主。

直到今天，一想起那次拍卖现场的情景，就让我激动不已，那感觉就像在赌场上赌钱一样，让人惊心动魄，全神贯注。那是一场豪赌，我押上去的是金钱，赌出来的却是人生。

公司从五百元开拍，但很快就攀升到几千元，而后又慢慢爬到五万元，这个价格已经超出了我对炼油厂的预估价值。但竞拍价格一直在上涨，开始突破六万，又一步一步涨到七万。这时我开始恐惧，我担心自己是否能买下这个公司——一个由我亲手缔造的企业，是否出得起那么多钱。但

第三十八封
冒险才能利用机会

我很快镇静下来,我闪电般地告诫自己:"不要畏惧,既然下了决心,就要勇往直前!"竞争对手报价七万两千元,我毫不迟疑,报价七万两千五百元。这时,克拉克先生站起来,大喊:"我不再加了,约翰,它归你了!"

亲爱的约翰,那是决定我一生的时刻,我感受到它超乎寻常的意义。

当然,我为与克拉克先生分手付出了高昂的代价,我把代理公司的一半股份和七万两千五百元都给了克拉克。但我赢得的却是自由和光辉的未来。我成了自己的主人、自己的雇主,从此不再担心那些目光短浅的平庸之辈挡我的路。

在我21岁时,我就拥有了克里夫兰最大的炼油厂,已经跻身于世界最大炼油商之列。今天想来,这个每天能吃掉五百桶原油的家伙,正是我走向石油霸主之路、征服石油王国的利器。感谢那场竞拍,它是我获得人生成功的开始。

几乎可以确定,安全第一不能让我们致富,要想获得报酬,总是要接受随之而来的必要的风险。人生又何尝不是这样呢。

没有维持现状这回事,不进则退,事情就是这么简单。我相信,谨慎并非完美的成功之道。不管我们做什么,乃至我们的人生,我们都必须在冒险与谨慎之间做出选择。而有些时候,靠冒险获胜的机会要比谨慎大得多。

商人都是利润与财富的追逐者,要靠创造资源和取得他人的资源,甚至逼迫他人让出资源而使自己富有。所以,冒险是商人征战商场不可或缺的手段。如果你想知道虽然冒险却又会不招致失败的技巧,你需要记住一句话:大胆筹划,小心实施。

爱你的父亲